清史九讲

［日］内藤湖南 著　武琼 译

京都实证学派
清史研究代表作品

中国出版集团公司

华文出版社

图书在版编目（CIP）数据

清史九讲/（日）内藤湖南著；武琼译. -- 北京：华文出版社，2019.1（2019.11重印）

（华文全球史）

ISBN 978-7-5075-5036-8

Ⅰ. ①清… Ⅱ. ①内… ②武… Ⅲ. ①中国历史—清代 Ⅳ. ①K249

中国版本图书馆CIP数据核字(2018)第277180号

清史九讲

作　　者：[日] 内藤湖南
译　　者：武　琼
选题策划：华盛章世
插图供应：029—85504182
责任编辑：贺金娥
出版发行：华文出版社
社　　址：北京市西城区广外大街305号8区2号楼
邮政编码：100055
网　　址：http：//www.hwcbs.com.cn
电　　话：总编室010—58336239
　　　　　发行部010—58336212
经　　销：新华书店
印　　刷：三河市国英印务有限公司
开　　本：710×1000　1/16
印　　张：20
字　　数：260千字
版　　次：2019年1月第1版
印　　次：2019年11月第2次印刷
标准书号：ISBN 978-7-5075-5036-8
定　　价：90.00元

版权所有　侵权必究

出版前言

随着中国开放的大门的越开越大,关注世界各国尤其是西方国家文明的源流、发展和未来已经成为当下世界史研究的一个热点,为了成系统地推出一套强调"史源性"且在现有世界史出版物中具有拾遗补缺价值的作品,我们经过认真论证,推出了"华文全球史"系列,首次出版约为一百个品种。

"华文全球史"系列从书目选择到人名地名的规范,从书稿中图片的采用到译者的确定,都有比较严格的遴选规定、编审要求和成稿检查,目的就是要奉献给读者一套具有学术性、权威性的高质量的世界史系列图书。

书目的选择。本系列图书重视世界史学科建设,视角宽阔,层级明晰,数量均衡,有所突出。计划出版的华文全球史中,既有通史,也有专题史,还有回忆录,基本上是世界历史著作中的上乘之作,同时也是填补国内同类作品出版的空白。

人名地名规范。本系列图书中人名地名,译名规范,重视专业性。同时,在人名翻译方面,我们坚持"姓名皆全"的原则,加大考据力度,从而实现了有姓必有名,有名必有姓,方便了读者的使用。另外,在注释方面,书中既有原书注,即完整地保留了原著中的注释;也有译者注,又体现了译者的研究性成果。

书中的插图。本系列图书的一个重要特征是书中都有功能性插图，这些插图全方位、多层次、宽视角反映当时重大历史事件、或与事件的场景密切相关，涉及政治、军事、经济、社会、外交、人物、地理、民俗、生活等方面的绘画作品与摄影作品。全景插图与文字结合，赋予文字视觉的艺术，增加了文字的内涵。

译者的确定。本系列图书的翻译主要凭借的是一个以大学教师为主的翻译团队，团队中不乏有知名教授和相关领域的资深人士。他们治学严谨，译笔优美，为确保质量奉献良多。

"华文全球史"系列作为一套具有较高学术价值的优秀的世界历史丛书，对增加读者的知识，开阔读者的视野，具有积极的意义。但也要看到，很多西方历史学家虽然也包含着一些正确的即符合事实的观点，但很多都存在错误的历史观，甚至还有较多的史实的歪曲，对于这些，我们希望读者不要不加分析地对它们全盘接受或全盘否定，而是要批判地吸收外国文化中有益的东西。

华文出版社

2019 年 8 月

康熙帝时期的来华传教士

乾隆帝狩猎后休息。侍卫们准备烤鹿肉

平定大小金川的将士得胜回京

开埠后的广州

第二次鸦片战争中英法联军攻打北京城

第二次鸦片战争中英法联军占领北京城

签订《北京条约》

淮军攻克苏州,太平天国遭到重创

湘军攻克天京,太平天国灭亡

中法战争中的谅山战役

中法战争中的北宁之战

列强掀起瓜分中国的狂潮

镇压义和团运动的德军

镇压义和团运动的英属印度骑兵

八国联军攻打北京城

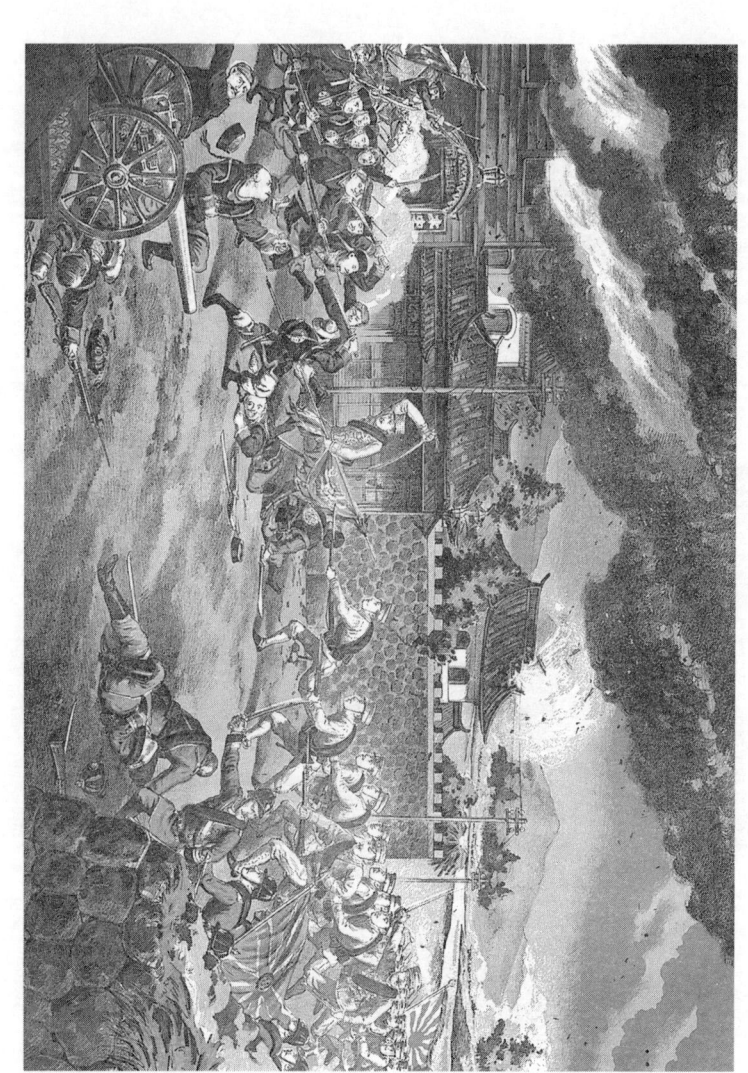

英军与日军在天津与清军、义和团激战

皇族内阁

日俄战争中的辽阳之战

目　录

第一部分　清史通论 / 001

第1讲 帝王及其内治 ··· 003

清史的相关著述 / 004
清朝历代帝王及摄政王、训政太后 / 008
清朝帝王的特点及其原因 / 013
清朝政治的特点 / 029
晚清的政治 / 034
附论 清朝的宗室 / 041

第2讲 异族统一和外交贸易 ·· 043

入关以前满蒙汉三族的统一（附朝鲜）/ 043
绥抚西藏 / 049
征服准噶尔部和回部 / 053
提倡满文的效果 / 058

一、与欧译的关系 / 058
　　二、日本的满文研究 / 058
苗族、台湾、琉球以及东南亚华侨 / 063
外交——与俄国的关系 / 067
贸易 / 071
　　一、与日本的关系 / 071
　　二、与海外各国的关系 / 073
　　三、贸易的效果 / 076

第 3 讲　外国文化的输入 ········· 081

明朝远道而来的天主教传教士 / 081
明清时期的历算学家汤若望以及其他传教士 / 086
历算的成功者南怀仁 / 092
康熙乾隆年间的地理探险以及外交（传教士的任用）/ 094
西洋艺术的应用 / 096
　　一、绘画 / 096
　　二、铜版画 / 102
　　三、玻璃器 / 105
　　四、音乐 / 106
　　五、数学的发展 / 107
　　六、兵器 / 110
　　七、中日采用西法之异同 / 111

第 4 讲　经学 ········· 113

宋学 / 113
汉学 / 117
　　一、初期 / 117
　　二、中世极盛期 / 118
　　三、晚清的大家　附清朝中叶以后的宋学 / 127

四、宋学别派 / 130

校勘学 / 131

金石学 / 135

第 5 讲 史学及文学 …………………………………… 139

史学 / 139

 一、清代史学之祖黄顾二氏 / 140

 二、正史 / 141

 三、修补旧史 / 142

 四、考证旧史 / 143

 五、地理 / 144

 六、塞外史学和地理 / 145

 七、郦学 / 146

 八、古代地方志 / 146

 九、古史 / 147

 十、掌故 / 147

 十一、经济 / 147

 十二、史法 / 148

文学 / 149

 一、古文 / 149

  （一）古文草创期 / 149

  （二）古文极盛期 / 150

 二、骈体文以及骈散不分家 / 154

 三、诗 / 156

  （一）清初大家 / 157

  （二）康熙雍正年间的大家名家 / 160

  （三）乾隆嘉庆年间的名家 / 160

  （四）道光咸丰以后的名家 / 161

 四、旗人文学 / 162

 五、词曲传奇小说 / 163

第 6 讲 艺术 …………………………………………… 165

清朝的书法家 / 165
    一、清初大家名家 / 165
    二、康熙雍正年间的名家 / 168
    三、乾隆嘉庆年间的大家名家 / 170
    四、道光以后的名家 / 172
清朝的画家 / 177
    一、清初大家 / 177
    二、雍正乾隆年间的名家 / 188
    三、嘉庆道光年间的名家 / 200
    四、咸丰以后的名家 / 201

第二部分　清朝衰亡论 / 207

绪论 …………………………………………………… 209

第 1 讲 兵力上的变迁 ………………………………… 211

入主中原以前 / 212
努尔哈赤的兵制 / 213
满兵与明军的比较 / 217
吴三桂之乱 / 218
乾隆时代 / 222
白莲教之乱 / 224
八旗及绿营的腐败 / 226
乡勇 / 227
长毛之乱 / 229
曾国藩的湘军 / 229

目录

洋式武器与戈登将军 / 233

袁世凯的新军 / 236

留学生士官 / 236

第 2 讲　财政经济上的变迁 ······ 239

明末的财政 / 239

清朝初期 / 242

宫廷的节俭 / 242

人丁税的废除 / 244

雍正帝的财政政策 / 244

耗羡归公 / 246

捐例和盐课 / 246

关税 / 246

乾隆时期的全盛 / 247

衰运 / 251

皇族的增加 / 251

地税的积欠 / 251

物价的上涨 / 253

银价的变化 / 255

军费的增加 / 256

厘金税 / 256

新旧制度的重复 / 259

皇室的资产 / 260

财政和国运 / 261

第 3 讲（上）　思想上的变迁 ······ 263

种族观念的兴起 / 263

英国使臣马戛尔尼伯爵 / 264

对外战争的失败 / 265

双重种族观念 / 271
尊孔思想的演变 / 273
老墨的研究 / 276
佛学研究 / 278

第 3 讲（下） 结论 …………………………………… 283

调停议和的主张 / 284
袁世凯 / 285
南北分立的主张 / 286
形势的不利 / 289
将来 / 291

第一部分
清史通论

乾隆帝亲耕

第1讲 帝王及其内治

本次京都大学的夏季讲座，我将以"清史"为题进行演讲。时间总共不过十二小时，只够讲讲它的轮廓梗概。即便是轮廓梗概，要想把历朝历代的史实一一罗列，十二小时也远远不够。因此，市面上流传的清史著作中出现的内容，我尽量不赘述。最近几年，我写了两本小书，分别是《清朝衰亡论》和《论中国》。《论中国》虽并非尽论清史，但中国历史的近代部分却多为清朝之事——诸如此类，我也尽量不重复论述。此外，我的好友稻叶岩吉①近年写了一本《清朝全史》，对清朝的政治、战争以及其他大事均有论及。上述著作中出现的内容，我也无意多叙。演讲时间很短，只能陈其大概。为了让诸位不至于听完就忘，我尽量将材料直接呈现给大家，以便大家过目后能加深印象。近年来，清史史料急剧增加。放在十五年前，即使想做研究，我也苦于材料匮乏，束手无策。如今，由于各种原因，材料日渐增多，尤其是中国发生辛亥革命后，各种材料更是纷纷面世。我想顺便做个实验，看看凭借我们的力量能收集多少材料。1915年7月20日，我从东京回来后，便着手在极短的时间

---

① 稻叶岩吉（1876—1940），号君山，日本历史学家，师从内藤湖南，主攻中国的清史、东北史和朝鲜史，著有《清朝全史》等。——译者注

内收集材料。在本校富冈谦藏①老师（今天也来到了现场）等人的帮助下，虽然材料勉强收集来了，但我这十多天全在整理材料，没有时间在演讲之前查证历史研究中的疑点。演讲虽然有些粗糙，只是陈其大概，但我还是希望讲完以后，能给大家留点儿东西。因此，我会把每天演讲的提纲、要点打印出来，发给大家。今天是第一天，演讲的提纲、要点才发给大家。从明天开始，我会提前一天把第二天演讲的内容发下去。希望大家能把这炎炎夏日的午休时间利用起来，提前把材料看上一遍，第二天再来听讲座。以上是我想预先交待的事情。

清史的相关著述

在第一部分，我将从清史的相关著述讲起。众所周知，清帝退位不过三四年，尚属新近之事。因此，相关史料非常多。不过，大部分史料还都没有整理。当然，中国的史料记录制度十分完备。日积月累的大量史料都会逐步得到整理。譬如，历史上每有皇帝更替，继位者都会命史官纂修先朝实录。纲目中"史料之丰富"项下虽然列举了不少书目，但除此之外仍有大量实录没有列入。实录成稿后，官方的整理工作大体就算完成。可是，在清朝覆亡的不多时日里，历史学家甄选材料，重新编纂条理清晰、有生命力的历史，还难成气候。在中国，所谓的一朝正史告成之时，多数原始史料也将不复存在。如今，我们得以在史料尚未亡失之际研究清史，可谓十分幸运。与此同时，浩如烟海的史料让人一筹莫展。相比之下，《明实录》②就很简略。前几年，我曾请人抄录《明

---

① 富冈谦藏（1871—1918），日本考古学家，曾任教于京都大学，是日本知名文人画画家富冈铁斋之子，著有《古镜研究》等。——译者注
② 《明实录》是明代历朝官修的编年体史书，记录了从明太祖朱元璋到明熹宗朱由校共十五代皇帝、约两百五十年的大量资料，具有重要史学价值，是研究明朝历史的基础史籍之一。——译者注

第1讲 帝王及其内治

实录》的全部内容,卷数虽然很多,可换成日本的册数,十几代帝王只有七百余册。《清实录》十倍于《明实录》还不止,可谓卷帙浩繁。我们能否有机会一睹《清实录》的真容呢?这种机会曾经有过,但如今怕是很难了。几年前,我去奉天①等地考察时,凡感兴趣的内容我都看过。我本想设法将这些材料全部带回日本,但当时的政府认为这些无用的废纸只会白占船上的空间,所以没有同意我的请求。因此,以上许多史料虽曾近在眼前,却都白白错过了。总之,这些材料有归有之,如今却很难看到,而研究也就变得越发困难了。材料的种类均列在"史料之丰富"项下,有"《满文老档》《三朝实录》《方略》《圣训》《国史列传》《谕折汇存》"等。之后,我们会在那边的展室看到各种实物资料。到那时我再稍作讲解。

《清三朝实录采要》《清三朝事略》是日本人依据确凿史料研究清史的最早著作,特列于此。这两本书是一百二十多年前与我同属一个旧藩②的永根铉③所著。永根铉后来改名为北条铉,或者一开始叫北条铉也未可知。它们虽然只是实录的摘要,却能将清朝一些难读的地名、人名准确读出,简明扼要,切中要点。中国摘录《清实录》的著述有《东华录》等,我列在了纲目的靠前部分。与《东华录》相比,《清三朝实录采要》更得要领,稍胜一筹。永根铉是日本有志于研究清史的第一人,为表其功绩,特列于此。

回到"纲目"最开始列的《圣武记》(三种)、《湘军志》与《湘军记》。这些只是历史著述的两三例。《圣武记》由大名鼎鼎的魏源所著。在日本,《圣武记》被翻刻出版,所以人人皆可求而得之。《圣武

---

① 沈阳旧称。——译者注
② 江户时代,封地在一万石以上的大名,其领地及行政机构就称为"藩"。明治时期,政府废除全国各藩,统一为府县,称江户幕府时代各藩为"旧藩"。——译者注
③ 永根铉(1765—1838),字仲鼎,后改为元鼎,号冰斋,后改为伍石。他著有《清三朝实录采要》,被视为日本清史研究之嚆矢。他在书法上亦有建树,编有《集古帖》等。——译者注

记》有三个版本，每个版本各不相同，是中国人以全新思路梳理清史的权威之作。《湘军志》和《湘军记》写的是近来长毛贼①之事。《湘军志》由王闿运著，所记均为他本人的亲身经历，所以不仅是在单纯记述史实，而且是在揭露内幕，是近年来颇负盛名的历史著作。《湘军记》由王定安著，所记虽然与《湘军志》相同，却由于种种原因，逊色很多。

《圣武记》（三种）、《湘军志》与《湘军记》之后所列的《东华录》（两种）是《清实录》的摘要，虽然称不上是什么著述，但对那些看不到实录的中国人和日本人而言，作为研究材料却大有用场。诸如此类的史料各种各样，当然，除此之外仍有很多材料。即便只看手头拿到的材料，也已经相当吃力。所以，清史研究绝非易事。

清朝编修两百多年的明朝历史，花费大约六十年。清朝的史料十倍于明朝，若用六百年编史，则比清朝的存续时间还长，实在是旷日持久。不过，中国人修史也不好说。如今，在袁世凯政府的领导下，中国成立了清史馆着手编史，如果全力以赴，十到十五年或许就能完成。明初编修元朝一百几十年的历史，用时仅仅不到一年，可见快有快的办法。如仿此例，两百多年的清史说不定两三年就能告成。然而，史料从来都是交由中国人研究。我们要想拿到这些史料几乎毫无希望。所以，我们现在只好做些力所能及的事情。今天，我先讲讲近来我研究的大体情况，尽管研究仍然未见头绪。

我把这一讲的标题定为"帝王及其内治"，其实只有"帝王"也是可以的。全民参与政治已经成为世界大势，中国如今也实行了共和政治，我又为何在讲清史时特意以帝王为题呢？这是因为帝王在清朝的政治中占据极其重要的地位。讲到后来，我们便能渐渐看出，清朝的政治除了

---

① 清朝咸丰元年到同治三年（1851—1864）期间，洪秀全、杨秀清等人在广西金田村率先发起一场反对清朝封建统治和外国资本主义侵略的农民起义战争，此处"长毛贼"指的就是太平军。内藤湖南通篇演讲都以"长毛贼"称"太平军"，以"长毛之乱"称"太平天国运动"，为使读者更直观地了解作者的史观，特采用"长毛贼"的译法。——译者注

袁世凯

帝王几乎所剩无几。在别的朝代，除帝王之外，宰相等人也在政治中占据重要地位。明太祖朱元璋因顾忌宰相的弊害而将其废除。从此，朝中便再无宰相。然而，在明朝数代皇权交替当中，遇到幼主继位时，便又会产生对宰相的需求。于是，虽无宰相之名但行宰相之权的内阁大学士等官职便应运而生了。然而，清朝的内阁大学士却徒有虚名，基本不能发挥宰相的作用。清朝出现幼主时，曾有摄政王及皇太后主政，却从未有宰相主政。辅政大臣在皇帝年幼之时主政的事也是有的。不过，辅政大臣虽然类同宰相，但到了皇帝能够独当一面时就被撤下。于是，大权重新归了皇帝。这就是清朝政治的特殊状态。基于皇帝是清朝的一大政治要素，所以我很有必要以"帝王"为题来讲一讲。

清朝历代帝王及摄政王、训政太后

接下来进入第二个标题。"纲目"中列出了清朝历代帝王的名字。靠后些的德宗景皇帝就是光绪帝。光绪帝之后的宣统帝退位以后，便是今日的情形了。那边的展室有些帝王的墨迹陈列。

再下边的"入关前的二帝"是指太祖高皇帝努尔哈赤和太宗文皇帝皇太极这两代帝王。所谓入关，是指清朝从满洲根据地进入北京。因须经由山海关这个关隘，故称之为"入关"。入关以前，二帝起于满洲山中，即现在奉天以东三十里[①]的赫图阿拉。历经两代四五十年的时间，清朝势力急剧扩张，兵至山海关以东十几里。但山海关以东十几里内仍是明朝的势力范围。当时，明朝有个叫李自成的贼寇起事。李自成的势力不断发展壮大，最终从西绕道至居庸关，兵临北京。明朝最后一位皇帝统治时期，即崇祯年间，李自成攻陷北京。崇祯帝在北京城内的景山自缢

---

① 里，长度单位，一里等于一百五十丈，合五百米。——译者注

第1讲 帝王及其内治

而亡。明朝当时为平定内乱,撤下了山海关的防守兵力。清军便趁机从满洲挥师,入主中原。这时,清朝的开国二帝①已经驾崩。第三位皇帝顺治帝即位,年仅七岁。摄政王睿亲王多尔衮率领大军进入北京后,迎接顺治帝入京。最不可思议的是,清朝当年攻下北京的是摄政王,如今在北京退位的仍是摄政王②。可谓始于摄政王,终于摄政王。在清朝的

顺治帝

---

① 即清太祖高皇帝努尔哈赤和清太宗文皇帝皇太极。——译者注
② 即清朝末代皇帝溥仪之父醇亲王载沣(1883—1951)。宣统帝即位后,载沣担任监国摄政王,试图延长清政府的寿命,辛亥革命爆发后被迫辞位。——译者注

制度下，亲王摄政非常普遍，皇太后摄政却非理所应当，更没有人臣摄政一说。人臣摄政称为辅政。康熙帝玄烨八岁即位时，辅佐他执政的便是辅政大臣。虽然制度如此，可最后的西太后慈禧却行了摄政之实。文宗显皇帝——咸丰帝驾崩后，虽然其弟恭亲王奕䜣接管政务，但咸丰帝遗诏指定的顾命大臣实则另有其人。其中的主要重臣有同为清朝皇族的肃顺。此外，还有一位叫端华的亲王。不过，肃顺最受咸丰帝喜爱，得以承其遗诏。当时，西太后慈禧还不是真正的太后。真正的太后是东太后慈安。两位太后联手杀掉肃顺，夺取了政权。最初虽然东太后慈安掌

康熙帝

第1讲　帝王及其内治

权,可后来权力逐步转移到了西太后慈禧手中。西太后慈禧是近世之人,其政治能力之卓越超群可谓人尽皆知。虽然东太后慈安是咸丰帝的正妻,西太后慈禧不过是个妾室,但东太后慈安的学识有限。大臣把奏折呈递上来时,东太后慈安无法亲自阅览,做出裁决。而西太后慈禧却能亲自批阅奏折,做出决断,向内阁大学士或军机大臣等人下达命令,因而逐步掌权。又因为西太后慈禧是同治帝的生母,最终得以登上太后之位。西太后慈禧掌权时代,得益于她卓越的政治能力,清朝曾一度中兴。

皇帝的情形大体如此。这里,我想再讲讲第一位摄政王睿亲王多尔衮。今天的听众当中,有一位来自福井的上田同学。去年我去了福井,

西太后慈禧

就摄政王睿亲王多尔衮的事情做过一番调查。有趣的是，就在清朝从满洲攻入北京的那年，日本越前三国对面的新保村里有位船长出航。这位船长本来要去松前，结果却去了满洲。很多人惨遭满洲当地人杀害，只剩下十三人被送往奉天，并在满洲八旗军离开奉天前往北京时，一并去了北京。当时的人们还称摄政王睿亲王多尔衮为"九王"，意即第九位王爷。摄政王睿亲王多尔衮此前就在北京，而顺治帝是后来从奉天移驾北京的。摄政王睿亲王多尔衮亲自召见了这十三人，感慨他们从日本漂流至此非常可怜。其他亲王们也觉得这些来自日本的人非常稀奇，还叫

多尔衮

第1讲 帝王及其内治

他们去唱歌、喝酒。以竹内藤右卫门①为首的越前新保村的漂流民回到日本之后,便把清朝刚刚攻破北京时的情形记录下来,写成了《鞑靼物语》。我从去年开始就想写一本关于此事的书,研究虽大体完成了,但还未落到纸上。总之,确有这么几个有此奇遇回到日本的人。如今在北京看到清帝退位也没什么可稀奇的,可当时看到清军刚刚攻破北京却着实稀罕。这些漂流民回到日本后,还被叫到江户幕府问过话。我查阅他们的漂流日记时看到,还有人学会了几句满洲话和中国话。其中还提及他们拜见摄政王睿亲王多尔衮时的情形,说摄政王睿亲王多尔衮体形消瘦,慈眉善目,这与真实的摄政王睿亲王多尔衮气质十分相符。摄政王睿亲王多尔衮体弱多病,年仅三十九岁便与世长辞。摄政王睿亲王多尔衮虽然出身满洲蛮荒之地,却在政治军事方面能力超群。当时中国很多贤士良才都为他所用。而且摄政王睿亲王多尔衮能听取汉人之言,一入北京便采用汉人的政治体制。他没有按照满洲的行事风格为难汉人,而是采用汉制,任用汉官,力图恢复秩序。摄政王睿亲王多尔衮虽然在北京摄政不过六年,却在此期间几乎平定了整个中国。如上所述,摄政王睿亲王多尔衮的政治能力十分卓越。而清朝最后一位摄政王载沣则远不及他,或许这也是清帝不得不退位的一个原因。另外,最后一位摄政王醇亲王载沣与摄政王睿亲王多尔衮的政治手法几乎完全相反,这些我们以后再讲。

清朝帝王的特点及其原因

第三部分是"清朝帝王的特点及其原因"。之前已经提到,君主独

---

① 竹内藤右卫门,日本越前国(今日本福井县)商人。1644年,竹内藤右卫门等五十八人出海,前往松前,途中不幸遇险,漂至今俄罗斯博西耶特湾。十五名幸存者受清政府保护,于1645年被送回日本。——译者注

裁是清朝政治统治的一大特征。此外，每位皇帝也各有特点。这一点大家可以先有个了解。至于其原因，我也会在稍后讲到。

清朝帝王都有接受系统教育的传统。该传统虽非始于清朝建国初期，但早先就多少有这种倾向。这主要是因为帝位的继任者并不是一开始就确定好的。太祖高皇帝努尔哈赤①驾崩后，太宗文皇帝皇太极继位。可太宗文皇帝皇太极即位之初未独掌皇权，其他兄弟也并非都位居人臣。太祖高皇帝努尔哈赤驾崩以后，朝中位高权重的共有四人，其中就有太

努尔哈赤

---

① 太祖高皇帝为努尔哈赤驾崩后追赠的庙号，为保留原著风格，未做删改，后面类似表述均同此处理。——译者注

第1讲　帝王及其内治

宗文皇帝皇太极。清朝把相当于王侯地位的人称为贝勒。当时的贝勒有大贝勒、二贝勒、三贝勒，以及方才提到的太宗文皇帝皇太极，即四贝勒。大贝勒代善是太宗文皇帝皇太极的亲哥、太祖高皇帝努尔哈赤的次子，后被封为礼亲王。二贝勒阿敏是太祖高皇帝努尔哈赤的侄子，和太宗文皇帝皇太极是堂兄弟，后被革职削爵。三贝勒莽古尔泰是太宗文皇帝皇太极的哥哥，后来也被革职削爵。剩下的就只有四贝勒太宗文皇帝皇太极了。太祖高皇帝努尔哈赤驾崩不久后，四大贝勒共享皇权。正月

皇太极

朝贺之际，四大贝勒都面朝南坐，接受群臣叩拜。其中，四贝勒在军中的声望最高。军中声望高者自然得势。四贝勒因此逐渐壮大势力，最终如日中天。帝王之位非他莫属。这时，二贝勒阿敏先是在出征朝鲜时犯下过失，之后征伐中原时虽曾绕道山海关后方，攻入长城，却在归途酿下大错，最终被革职削爵。再说三贝勒莽古尔泰，他因当年处心积虑想要独占皇位，而与四贝勒太宗文皇帝皇太极交恶。三贝勒莽古尔泰死后，军中颇有声望的太宗文皇帝皇太极大力搜集证据，削其子孙势力。大贝勒与四贝勒一样，在军中也很有威望。大贝勒之子萨哈廉十分聪敏，认为四贝勒掌权是大势所趋，劝说其父放弃皇位。因此，大贝勒虽为兄长，最终仍决定拥护四贝勒。继位五年后，四贝勒开始独享皇位，受人臣拜谒。大贝勒也位列人臣，行拜谒帝王之礼。不过，这些并非太祖高皇帝努尔哈赤生前所愿。总的来说，蒙古人或满洲人的习俗是幼子继位，和日本的长子继承制正好相反。所以，太祖高皇帝努尔哈赤其实是想传位于我们之前提到的九王，也就是之后的摄政王睿亲王多尔衮。摄政王睿亲王多尔衮是当时太祖高皇帝努尔哈赤新任大妃①的儿子，十分聪颖伶俐。太祖高皇帝努尔哈赤很想传位于他。但大势所趋，最终由四贝勒继位。由此可见，皇位继承充满了不确定性。太宗文皇帝皇太极驾崩后，肃亲王豪格虽然贵为长子，却由太宗文皇帝皇太极的第九子继承了皇位。肃亲王豪格就是如今逃往旅顺这位肃亲王②的祖先。当时的肃亲王豪格已经立有战功，却为何让六岁小儿继承了皇位呢？这可能与宫闱大有关系。因为顺治帝的母亲、太宗文皇帝皇太极的皇后后来下嫁给了摄政王睿亲王多尔衮。一国皇后或皇太后改嫁他人着实不可思议，因为当时距

---

① 即乌喇那拉·阿巴亥（1590—1626），孝烈武皇后，太祖高皇帝努尔哈赤第四任大妃。孝慈高皇后去世后，孝烈武皇后被立为大妃，为太祖高皇帝努尔哈赤生下三子，即第十二子英亲王阿济格、第十四子睿亲王多尔衮、第十五子豫亲王多铎。——译者注
② 即善耆（1866—1922），清朝贵族，历任民政部尚书、理藩大臣。辛亥革命爆发后，他与川岛浪速发起满蒙独立运动，以失败告终。有"东方玛塔·哈丽"之称的川岛芳子就是善耆之女。——译者注

第1讲 帝王及其内治

离满洲民风淳朴的时代尚不算久,所以这种事情才会发生。《清实录》当中就记载有摄政王睿亲王多尔衮初被称为皇叔父,后来进而被尊为皇父之事。在保存下来的当时的科举考卷中,也能看到皇父这个表述。所以,人们认为,摄政王睿亲王多尔衮是因为与顺治皇帝母亲的关系,才拥立顺治当上皇帝。这种事情毕竟不太光彩,所以继承大统之人不能确定也未见得是什么好事。

孝庄皇太后

康熙帝时，清朝已经入主中原。虽然康熙帝册立过太子，但太子因犯下过失被废。当时朝中议论纷纷，都在商讨再立太子之事。甚至有人不畏触犯龙颜，直言进谏，称一国之君不能不立太子，不过都未被皇帝采纳。如此，清朝有了不立太子的家法，众多皇子一齐接受教育。《纲目》中所记"上书房读书"就是指在上书房里，众多皇子都不知未来谁将成为储君，一起接受相同的教育。关于清朝立储制度还有一种传言——皇帝如果认为立储的时机成熟，并有继承大统的属意人选，便会写下他的名字，藏于正大光明殿中书有"正大光明"四字的匾额后方。皇帝未颁遗诏驾崩的情况下，顾命大臣打开它便可得知继位人选。皇帝若是寿终正寝，尚可留下立谁为储的遗言；但若是皇帝突然驾崩，便需打开匾额后的遗嘱来定。总之，清朝一般不提前册立太子。众多皇子尚在年幼之时，便都成了皇帝候选人，因此从不贪玩任性，而都奋发苦读，钻研学问，接受严格充分的教育。

我们接下来看"各个帝王的文事"。其下列举了很多事例。尽管清朝作为夷狄入主中国，可历代皇帝却十分长于文事。这些证据都已在展室展出，各位一看便知。

我们首先来看"崇尚汉俗的顺治帝及其遗诏"。顺治帝二十四岁便英年早逝。他对中原文化推崇备至，令满人心生不满。从满洲来到中原以后，顺治帝目睹中原文化之先进发达，被其深深折服。明朝灭亡以后，明末遗臣作有《万古愁曲》，伤怀故国。顺治帝十分喜爱这首曲子，时常吟唱。身为夺取明朝天下的皇帝，却对亡明抱有一颗同情之心。顺治帝如此偏爱汉人，自然让满人十分不满。二十四岁时，顺治帝虽是突然驾崩，却仍留有遗诏。遗诏当中列有二十几条，主要都在反省自己偏爱汉人，疏离满人的行为。这份遗诏也可能是皇帝驾崩以后，他人为改先皇政策，事后编造，代写而成的。总之，顺治帝甚至需要在遗诏中反省偏爱汉人，由此可见其偏爱汉人之甚。

第1讲 帝王及其内治

顺治帝驾崩后,康熙帝八岁登基,由大臣鳌拜辅政当国。康熙帝尚年幼时,便显露雄才大略,智擒手握重权的辅政大臣鳌拜。因对鳌拜十分不满,康熙帝还是个孩子时,便想出一计将其除掉。十三岁那年,他召集一群身强力壮的孩童,终日陪他摔跤嬉戏。一日,他看不惯的这位辅政大臣来觐见时,康熙帝便命令这些孩童将鳌拜捆绑起来,惩其罪责。

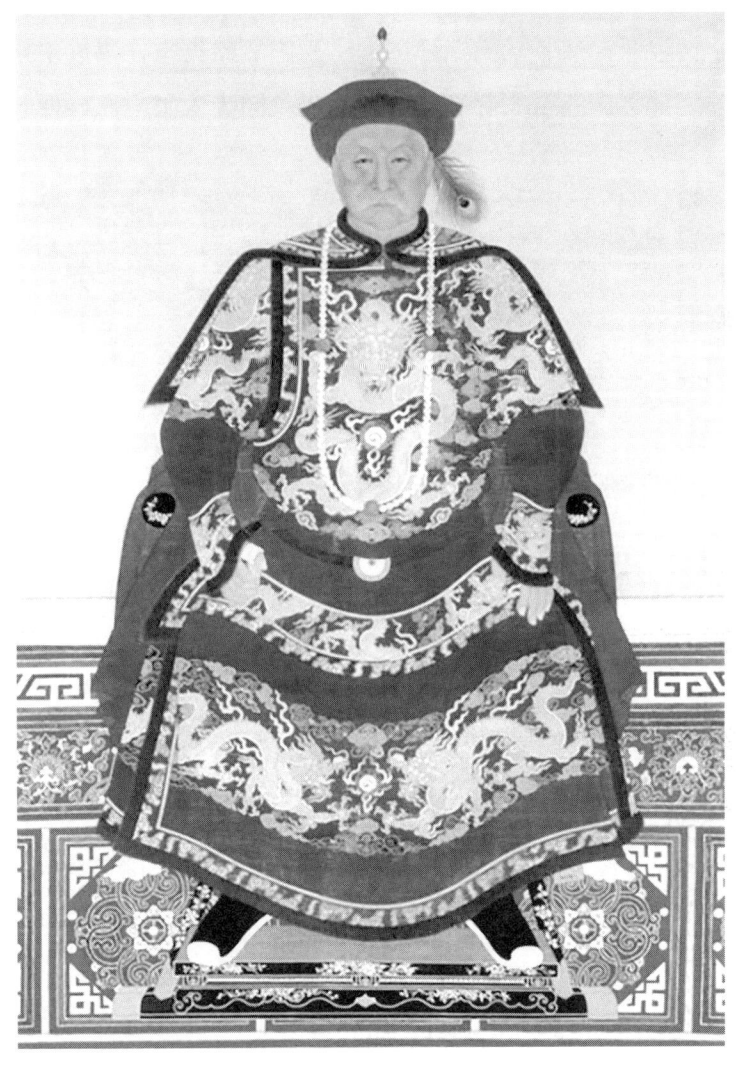

鳌拜

如此,康熙帝幼年时期便初显才略。清朝平定中原以后,第一次叛乱爆发之时,康熙帝更是大显身手。明朝旧臣吴三桂、尚可喜和耿精忠都曾为清朝效力,受封为王,封地十分辽阔。这三位明末以来战功累累的藩王举兵反清时,清王朝的老将大多已经不在人世,几乎无人可与之抗衡。因此,清军起初全被三藩打败。当时的康熙帝虽是弱冠之年,却制定了全部的作战方略,每天批阅上百道奏折,逐一向身边的大学士下达命令,指挥若定。因此,清朝兵力虽然孱弱,却因战略得当,得以平定历时七年的三藩之乱。康熙帝志存高远,并不仅仅因为入主中原,便唯中原文

尚可喜

第1讲 帝王及其内治

化马首是瞻。当时,西洋已有传教士来到中国。康熙帝从西洋传教士那里学到很多西洋知识,胸怀博采世界知识、建立伟大帝国的宏图大志。当然,中国人的宏图大志多少有些消极的地方。但蒙古准噶尔部掀起叛乱时,康熙帝曾下诏亲征。展室里展有《亲征朔漠方略》一书。书中记有康熙帝亲征的详情。再说知识。除汉学以外,康熙帝还学习外语,精通数学,钻研天文。虽然对富贵人家用来消遣的技艺有多么精通尚不好说,但康熙帝的确对这些事物饶有兴趣。他知识广博,胸怀建立世界帝国的宏图大志。正是由于康熙帝的这些特点,清王朝的政权根基才得以逐步稳固。

康熙帝戎装像

接下来看"雍正帝的禅机、文字狱、《朱批谕旨》、雄猜之主"。康熙帝处理政务范围极广,而雍正帝则长于精耕细作,严肃治国。雍正帝的皇位并非早就确定好的。雍正帝的儿子乾隆帝幼时便聪颖机敏,气度不凡,能力超群。康熙帝是想传位于这个孙儿,才让雍正帝继承了皇位。雍正帝久居亲王之位,用心留意之处多有不同,对地方官员观察入

雍正帝

第1讲 帝王及其内治

微。因此,他成为皇帝以后,非常擅长侦探政治,对群臣之事了如指掌,行事手段阴狠至极。雍正帝与兄弟之间的关系,好则极好,坏则极坏。关系不好的,他就横加恶名,百般折磨;关系好的,他则格外优待,荣宠备至。学问方面,雍正帝早年便喜爱佛教,也对喇嘛教做过一些研究,但尤其醉心禅宗。如今北京雍和宫这座喇嘛寺院就是雍正帝即位之前的住所。康熙朝之后,在清朝的压迫统治下,一些汉人开始不时发些牢骚和不满,其中尤以学者最甚。学者们时常写文作诗,暗讽清朝为夷狄之邦。因此,雍正时期大兴文字狱。数起惨案当中,最有名的是吕留良案。

雍正帝穿喇嘛服坐禅

雍正帝虽然是个政治侦探家，但较之日本的政治侦探家却很有肚量。他对政治侦探的结果从不保密，而是统统公之于众，这也正是雍正帝的过人之处。汉人写文章大骂清朝时，他非但不会秘而不宣，反倒亲自执笔，一一反驳：你或许执此一词，可道理是如此云云。《大义觉迷录》就是一本有名的辩驳书。这本书是雍正帝针对吕留良言论所作的批驳，也陈列在展室当中。皇帝写臣子之事，可谓稀奇。由此也可以看出雍正帝的开明之处。总之，他是一位既险恶又开明的皇帝。雍正帝还命人编撰《朱批谕旨》，收录他用汉文在奏折上所做的批示。通常，皇帝批示奏折只需一两行，可雍正帝的批示大都很长。这就是所谓的"朱批"。这些"朱批"还被特地印刻出来，以为后世树立政治典范。雍正帝生性多疑，在政治上极其严苛。清初，朝廷沿袭明制：地方官员除向朝廷上交租税以外，还要向百姓加收银两。加收部分多被官员私吞，积习已重。到了雍正帝时期，雍正帝命令官员把收来的租税悉数上交朝廷，掏空地方官私囊的同时，给他们拨发养廉银。养廉银实际上是除每月官俸以外，防止官员贪腐的特别补贴，条件是官员要把从百姓手中征收的租税全部上交皇帝。从那时起，皇帝的收入大幅增加。可到后来，虽然官员全部上交从百姓那里征收的租税，却依旧横征暴敛，中饱私囊。养廉银虽然切实增加了朝廷的收入，但在鼓励官员廉洁方面的成效并不显著。康熙帝虽雄图大略，却也清贫度日。自雍正帝之后，国家才开始变得富裕起来。雍正帝时期虽然尚不明显，可再到下一代时国家已经非常富足。

　　雍正帝之后，乾隆帝继承皇位。乾隆帝二十五岁登基，在位六十年，禅位以后又活了四年左右，八十几岁驾崩。他自幼长于文事，对此也颇为得意。乾隆帝相信，只要是汉人学者能做到的，自己也能做到。他吟诗作文，样样通晓。据说，乾隆帝经常在诗文中引用生僻典故，拿去考汉人学者。如果对方不知道这些典故，他便喜不自禁，以此炫耀自己渊博的学识。虽然太平盛世多有这种皇帝，但乾隆帝还是很多才多艺的。

乾隆帝

考虑到自己出身满洲，乾隆帝也大力提倡学习满文。当时满文已经日趋衰微。乾隆帝为复兴满文，曾命人编修字典，采取各种方法鼓励人们学习满文。譬如，乾隆帝规定，无论是汉人还是满人，要想进入翰林院，就必须懂满文。一个人纵有八斗之才，如果不懂满文，也不得入翰林院。后来，乾隆帝逐步平定蒙古。不同于雍正帝的是，乾隆帝与汉人一样，尊崇儒教，不信佛教。此外，乾隆帝为怀柔蒙古各部，曾强调学习蒙语的必要性；因为西藏的喇嘛教，他开始学习藏语；平定说回语的种族以后，他开始研习回语。至于结果如何，我们留到明天再讲。总之，乾隆帝对所有平定之地的语言都有所研究。他曾自豪地写道："所有语言同宗同理。"乾隆帝自恃对治下之国的情况了如指掌，在位期间做了很多

乾隆帝在御书房研习儒家经典

事情，却也让诸多政策矛盾重重。如前所述，他一方面优待满洲八旗，将政治军事上的重要工作交由满人去做，力图振兴满洲；另一方面又崇尚汉族文化，潜心汉学。

乾隆帝是将中国盛世推向颠峰的皇帝。乾隆时期可谓清朝的黄金时代。六十年的极盛之时过后，清朝便日渐衰微。清朝的历代皇帝都有其御制的文集和诗集。虽然其中也有一些不是自己所写，但从康熙、乾隆时期，再到之后的嘉庆、道光、咸丰时期，所有皇帝都有自己亲作的文集和诗集。其中不仅有他们作为一朝皇帝写下的作品，也有即位以前的作品。纲目中"潜邸的全集"就是皇帝即位以前的作品。下一项是"钦定书籍之多"。钦定书籍究竟有多少，我尚未逐一查证。但之前提到的礼亲王代善的后世子孙当中，有一位十分精通清朝典故之人。此人写有一本《啸亭杂录》，其中就曾列举书目，说明钦定书籍数目之繁多。即便如此，书中所列仍不完整。

如上所述，清朝各代皇帝都长于文事。我们不妨拿清朝与明朝做番比较。明太祖朱元璋是个争强好胜之人，虽出身乞丐，当过贼寇，但登上皇位以后也要学作文章。他常常把自己文笔拙陋之作拿去请文人学者润色，润色过度便勃然大怒。明朝《高皇帝御制文集》现今依然保存完好，虽然多有晦涩拙劣之处，却也留下这么一本文集。后来的明宣宗则潜心学问，造诣颇深。尽管明朝由文化积淀深厚的汉族统治，但清朝皇帝的文才较之却更胜一筹。臣子呈递上来的奏疏，皇帝尽量亲自批注。明朝皇帝的朱批大多是大白话，甚至还有脏话。而清朝皇帝则断然不会如此，其朱批都是经过润色的汉文，且文采斐然。

不过，这些事情有利有弊。力倡文治的成果是，康熙帝时编成一万多卷的《古今图书集成》，在钦定书籍当中亦属鸿篇巨制；乾隆帝时编纂的丛书《四库全书》冠绝古今。这都是文治功绩的杰出体现。"纲目"中还写有"违碍书目及其实例"。清朝在编纂《四库全书》时，一旦发现明代或清初书中有诋毁清朝的字句，如出现夷狄之类的表述，便尽数删改销毁。也就是说，编纂《四库全书》的同时，也生产了一些不好的"副产品"。违碍书目是指把触犯朝廷忌讳的书单发放下去，如果有人发现上面所列书籍，便须交由朝廷销毁。由于实际无人执行，朝廷只好屡次下旨重申，但依旧收效甚微。给大家举个实例。我手头有一本书，目录部分印有皇帝的诏令内容，称本书有部分内容忤逆犯上，相应部分已经删除。可我实际去看时，发现这部分内容其实还在。可能只要目录部分标明删除，朝廷就不会再去细查。尽管清朝对禁书的取缔不够彻底，但仍有许多书籍销声匿迹。一些早年传入日本的书籍由于被列入违碍书目，在清朝看不到，却能在日本看到。再下边的《武英殿聚珍版丛书》也是编纂《四库全书》时所成。活字印刷虽然此前就有，但到乾隆帝时使用更广泛，从而有了这部《武英殿聚珍版丛书》的诞生。以上所列便是清朝皇帝的特点之一。他们虽是夷狄之后，却都崇文尚教，而且躬行践履。

接着来看"节俭、康熙帝的上谕"。据说，明朝时期宫中宦官多达十万余人，到康熙帝时削减到仅剩四百来人。从十万人到四百人，裁减幅度可谓惊人。如此，清朝宫中的开支用度减至明朝的十分之一、二十分之一，甚至四十分之一。康熙帝时，宫中尤其提倡节俭。虽然到后来，清朝国库充盈，日渐奢华，但仍不及明朝那般奢侈。明朝万历时期，仅皇太子成婚就从地方征收了一千二百万两白银。总之，节俭是清朝的一大特点。

再下来是"寡鲜失德、严加管束内宠宦官"。清朝皇帝鲜有失德之人。相传，明武宗朱厚照为了宠爱的女人，曾四处巡幸。而清朝绝无此事。此外，清朝对宦官严加管制，废除了明朝的宦官机构。西太后慈禧时，虽然宦官有些专横跋扈，但管制依旧很严。当时，有个叫安德海的宦官深受西太后慈禧的宠爱。安德海曾奉西太后慈禧的密令，前往湖南一带办差。而清朝以明朝为鉴，规定宦官不得擅出皇城，若有违者可就地正法。因此，安德海途经山东时，时任山东巡抚的丁宝桢便痛下决心要抓捕西太后慈禧的这位宠臣。然而，士兵和知府都有所顾忌，不敢近安德海的身。最终，士兵只把他捉拿起来押至山东。巡抚丁宝桢将其就地正法，并上奏朝廷说，安德海谎称受朝廷之命，擅出皇城，已经正法。可见，西太后慈禧这般宠信宦官的时期，也因有相关制度，能对宦官严加管束。与明朝相比，清朝皇帝失德之寡尤其明显。此外，西太后慈禧日后嚣张跋扈，也不是因为荣宠过厚。虽然西太后慈禧是咸丰帝之子同治帝的生母，但咸丰帝在世期间并未过多宠幸她。也就是说，西太后慈禧是因为身为皇帝的生母，才得以掌权得势。咸丰帝等人从未因宠幸女人而使后宫权倾朝野。乾隆帝时虽有少许苗头，但总体而言，清室从未因女色和宦官事宜有失体统。综上所述，失德寡鲜是清朝皇帝的特点之一。这也是他们虽以外邦入主中原，却能实现长治久安的一大原因。

清朝政治的特点

清朝的政治有什么特点呢？清朝实行满汉双重的政治体制，其官员也是满汉双职。譬如，吏部尚书有满人吏部尚书和汉人吏部尚书。左侍郎和右侍郎也分别有满人左侍郎、汉人左侍郎以及满人右侍郎、汉人右侍郎。也就是说，重要官职都是满汉复设。另外，重要典礼的相关事宜都以满汉两种文字书写。记录和部分奏疏也都采用满汉双语。总之，清朝不厌其烦地推行满汉双重政治体制。此外，清朝还有很多与其他朝代不同的地方。中国历代皇帝都要祭天，这是中国封建社会的一项传统仪式。不过，满洲另外建有一个叫"堂子"的地方，在此举行祭祀仪式。这是满洲的祭天之礼。虽然中原的祭祀仪式与满洲的祭天之礼本质相同，但清朝既祭堂子，又沿汉俗祭天，把相同的事情做了两遍。如此一来，经济上可能有些浪费，可清朝国力强盛之时在其他方面十分节俭，这些事情倒也没什么大碍。然而，满汉双重的政治体制既是清朝政治的一大特色，也是诸多弊病之源。清朝政治的重中之重本为统治中国、统治汉人，只是附带着管理满人。可到了后来，居于统治地位的满人势力日益衰退，汉人势力却不断发展壮大。满汉之间矛盾丛生令满人苦不堪言。这就是清朝政治走向衰微的一大原因。

此外，政治衰退还有一个原因。那就是下边所列的"注重名声（不讲实惠），实行免税"。清朝作为外邦入主中原，其历代皇帝都有一个缺点，那就是施行政治时总把名声放在第一位。清朝官员为政，最看重的就是他在当地的名声。如果只是官员这样倒也还好，偏偏皇帝也是如此。清朝蠲免地租，有时蠲免半数，有时甚至全免。虽然人人颂扬此种功德前所未闻，可老百姓实际上并得不到什么好处。因为百姓缴纳的租税当中，上交中央政府的只有极少部分，大多数都进了地方官员的腰包。雍正帝时，清朝租税虽有整饬，但没过多久便又恢复旧貌。雍正帝的政策反而加重了人民的负担。因为实行免税时，中央政府虽然做好了一年不入一文、用国库余额开支的准备，可靠搜刮民脂民膏度日的官员忍受不了。官吏当中，除刚正不阿的人、能领到养廉银的人之外，还有很多胥吏。这些胥吏无薪无俸，居于人民与官府之间，靠捞取外快为生。他们没有稳定收入，便只好去搜刮民脂民膏。朝廷免税之后，胥吏总不能一年不吃不喝，便开始巧立名目。因此，尽管缴纳朝廷的租税免了，可进官吏腰包里的却免不了。即便如此，朝廷还是屡屡实行免税，只为让百官歌功颂德，颁发诏敕时好大书特书。这种现象并非清朝特有，而是中国历朝历代的弊政积习，所以才导致了这种只重名声、不做实事的政治倾向。

我们接下来看"理想的独裁制度、军机处的创设（参照《枢垣纪略》)"。之前我们也提过,独裁制度在清朝时达到了登峰造极的地步。明朝时期宰相被废后,内阁大学士便作为皇帝的秘书,开始承担宰相之职。可雍正帝设立军机处以后,内阁名存实亡。皇帝从朝中重臣以及中层官吏当中挑选自己的亲信,召至军机处听命于他,导致原来官署的官员无事可做。如此,军机处的官员做起了与秘书相同的工作。军机处的军机大臣不过是皇帝的秘书长而已。也就是说,皇帝通过选调官员至军机处充当秘书管理政务,得以独揽大权。如此一来,所有大臣都无需再承担任何责任。即便如今,日本内阁也有各种责任问题。譬如内务省管辖范围内出现纰漏,内务大臣大浦子爵①便只能引咎辞职。可在中国,官吏却没有真正的责任。当然,官吏触犯法令会被撤职,触怒龙颜也随时会被撤职,但工作方面却无需再对国家负责。独裁制度之下,官吏只需听命于皇帝行事即可。总之,这个清朝政治的一大特点有好也有不好,整体而言却是不好多于好。

再下面是"优待学者、徐乾学编纂《一统志》、博学宏词科(参照《鹤征录》《词科掌录》)"。可见,清朝政治也有优待学者等好的一面。中国这种文明古国除出仕为官的学者以外,常常还会产生大量的文人学者。如今,日本很多人从学校毕业以后,找不到谋生之路,引起社会的广泛讨论。而中国早在几百年前便是这番光景了。中国人只要花钱就可以当上候补官员;再花点钱,还能从候补正式上任。如此一来,真正考试得中的人却往往得不到实缺。而且,应试不中、在当地却声名显赫的学者也大有人在。因此,中国人迷信地认为考试是命,有真才实学之人未必就能考场得意,考场失利也可能只是命运不济。既然考试是命,有真才实学之人还大量留在民间,那就必须设法去安置他们。康熙帝就曾给宠臣徐乾学一笔钱,让他召集众多学者在太湖洞庭山编书。但这毕

---

① 即大浦兼武(1850—1918),日本政治家。历任岛根、山口、熊本各县的知事、警视总监、农商大臣、内务大臣等。——译者注

竟不是长久之计,后来他又开设博学宏词科。即在普通文官考试之外,从地方考拔能文之士,令地方官员举荐当地名士参加考试。虽然有些人不愿应试,还有些人在应试的途中便云游去了,但总体而言,大多名士都以此方式被笼络起来。后来甚至出现一种倾向,认为考取博学宏词科比普通文官考试及第更荣耀。总之,清朝设法笼络考试失利、未能为官的学者,对其格外优待,以保国泰民安,消弭民怨。不过,这些良策在国富民强时尚还可行,在国贫民弱时便难以为继了。

以上就是清廷的一些政治举措。下面我还列出了它的一些"弊病(参照《江楚会奏变法折》、对策等)"。清朝政治上的沉疴积弊可谓层出不穷。清朝由于各种原因走上穷途末路时,其百般弊病也一一显露了出

清末文官考试考场

来,虽然有些是前朝积弊。清朝末年,朝廷开始与各国往来。治一国便能平天下的时代一去不复返。独裁统治、注重名声的那一套方略治理一国或许还行,用于外交却漏洞百出。各种弊端日渐显露之时,张之洞和刘坤一上奏《江楚会奏变法折》。刘坤一当时驻南京任两江总督,故称"江";张之洞当时驻武昌任湖广总督,故称"楚"。二者合称"江楚",联衔奏请朝廷改革弊政。其实,改革弊政的言论此前已有,但具体呈现出来的还属这份奏折。我还展出了一份关于考试的改革方案。从中就可看出,清朝末年的考试早已流于形式,名存实亡。总之,政治上的弊病不断积

刘坤一

存。直到清末时，才有了张之洞和刘坤一的上奏求变。关于这些弊端，我在《论中国》和《清朝衰亡论》当中都有记述。至于弊端出现的原因，大家或许能从方才的交待当中猜个大概。

晚清的政治

接着我们来讲讲晚清的政治。我们首先来看"纲目"中所列的"汉人的奋起"。由于地方官不负责任，不肯在政治上有所作为，乾隆末年到嘉庆初年时，白莲教起义爆发了。白莲教起义是一场借助宗教迷信发

张之洞

起的叛乱，前后持续九年都未能平定。虽然这只是小规模的民间起义，但地方官不负责任，即使派兵讨伐也尽量避免交兵，而是召集当地民众让其出战。乾隆末年到嘉庆初年，这种情况不胜枚举。后来，当地百姓意识到不能再指望朝廷派兵平乱，便开始自力更生，不断发展壮大，直到能以一己之力平定动乱，保卫家园。咸丰同治时期，长毛作乱，清廷之兵多不能战。真正平定这场叛乱的就是纲目中列出的"曾胡左李彭"——曾国藩、胡林翼、左宗棠、李鸿章、彭玉麟等人。他们率领乡兵义勇奋战，得以平定长毛动乱。当地民众组织义勇兵，起初只是为了保卫家园，最终却在曾国藩等的带领下平定了长毛之乱。此次事件证明乡勇等民间力量除能维持当地秩序以外，平定其他地方动乱也已绰绰有余。

这是晚清政治当中，汉人势力得以重新崛起的一大原因。清廷与外国的交往也在这时突然变得异常频繁。道光末年，鸦片战争爆发。清朝对外交往的序幕就此拉开。咸丰末年，英法联军入侵中国。清朝开始允许外国公使进驻北京，开启所谓外交。把外交事务交给北京朝中毫无经验的满人处理，根本是不可能的事。如此，便有了这里的"委任外交"——在南京设置"南洋大臣"，在天津设置"北洋大臣"。由于李鸿章长年担任北洋大臣，全权负责外交事务，西洋人甚至以为，中国外交均由李鸿章一人掌管，大小事务无须进京和清政府交涉。不过略微通晓中国国情的日本等国，就深谙此中门道。譬如大久保利通公爵[①]因为台湾之事去中国谈判时，就绕过天津，直接进京，与清政府负责外交事务的官署进行谈判。此外，虽然外国使者和公使无人谒见过清朝皇帝，但当年的副岛种臣伯爵[②]却称自己受日本天皇之命远道而来，坚持要求面圣，最

---

① 大久保利通（1830—1878），日本明治维新三杰之一，曾领导"奉还版籍""废藩置县"等资产阶级改革，后被士族岛田一郎等暗杀。——译者注
② 副岛种臣（1828—1905），政治家。他曾积极投身尊王攘夷运动，后成为明治维新的元勋。他还以书法著称于世。——译者注

第一次鸦片战争中英军进攻江苏镇江

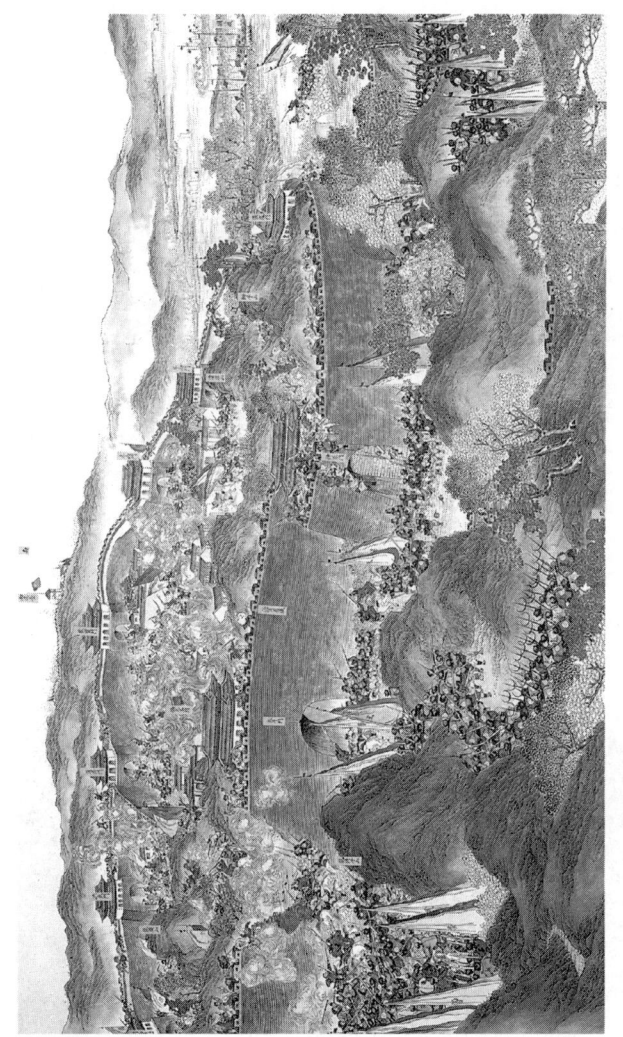

太平天国起义,曾国藩率领湘军克复金陵

终得以谒见清朝皇帝。不过,大多数外国人仍然认为清政府的外交事务均由李鸿章一人料理。不仅外国人这么想,中国人自己也这么想。

中国此时的政治情形是,乡勇不仅保卫地方,湖南乡勇、安徽乡勇等还被分配在全国各大要地。起初的地方乡勇经过官吏的整合、编练后,驻守全国各大战略要地。而外交事务则由李鸿章接手处理。如此,清政府义无反顾地把军事、外交等国家大事全部交给汉人办理。不过,义无反顾是假,西太后慈禧这等处事精明之人,必定会对他们严加管束,小心防范。但李鸿章的意见很大程度左右着清政府。虽然李鸿章并非事事

李鸿章

第1讲 帝王及其内治

能按自己的意愿左右清政府,但他确实能影响朝政。朝廷中汉人的实力日渐显露。

以上是晚清的政治形势。再到后来,中国先是与法国交战战败,接着又败给日本。八国联军侵华战争爆发后,全国大乱,清政府终于呈现土崩瓦解之势。在此前后,清朝已有人提出改革之论。中日甲午战争以后,改革呼声愈来愈高。清政府本以为防务已经得到加强,实际交战时却仍旧不堪一击。可见李鸿章效仿国外的那一套并不可靠,清政府必须要从根本上进行改革。康有为等人成为这场改革的先锋,开始推进改革事业。可他们在推行改革过程中发现,改革这件事太花钱了。尤其像清

法军炮轰福州

朝这种以满汉双重体制施政的国家,如果再引入外国的政治制度,就意味着要在原先政治体制的基础上,再加入新的外国政治制度。也就是说,既不能废除原有的政治机构,还得重新设立新的办事机构。如此一来,双重政治成了三重政治,花费巨大。1893年前后,清政府的财政支出大约是七八千万两白银。可到1908年、1909年时,财政支出极度膨胀。如果没有三亿两白银,政府就无法正常运转。如果中国当时也和日本一样,大力发展工业和外贸,这些支出或许尚可维持。可清朝只有行政费用不断膨胀,其他方面却未见任何进步。久而久之,财政自然难以为继。

我们再来看"宗室政治和退位"部分。光绪帝和西太后慈禧先后离世。到近来醇亲王载沣掌权时,朝中重臣形势好时尚能做点事情,一

光绪帝

见情形不妙就纷纷逃避。这令人大失所望。朝廷根本无人可倚重。这样下去终究不是办法，朝廷只好将朝政交由皇族打理。日本的本愿寺①就是这种做法。不过，自家一族执掌政治大都会走向灭亡。清朝政治成为家族政治，其所有事情都由皇族打理，所有责任也由皇族承担。大动乱爆发时，清朝皇族便像平家②一样走向衰亡。持续二百几十年的清朝不得不退出历史舞台。这就是晚清的政治。

附论 清朝的宗室

接下来我们说说宗室。我们先从"宗室与觉罗"说起。所谓"宗室"，是指太祖高皇帝努尔哈赤父亲的兄弟的后代。"觉罗"则是再上一辈，即太祖高皇帝努尔哈赤祖父兄弟的后世子孙。宗室在衣服上系黄带子。觉罗在衣服上系红带子。二者相互区分，各自享有不同特权。清朝的宗室有好也有不好。清朝宗室数量非常庞大。刚入关时，宗室、觉罗共三千人。道光末年，宗室、觉罗多达两万余人。如今，宗室、觉罗可能已有五六万甚至七八万人。虽然日本人认为中国的皇族都应尊为殿下，但也有一些皇族纡尊降贵，给日本人当老师，教授日本人汉语。这些皇族在中国并不会受到殿下的待遇，却被日本人盲目地尊为殿下，闹过不少笑话。可见，皇族谋生并不容易。为给皇族发放俸禄，清政府的财政十分吃紧。不过，这反过来也有好处。有的清朝皇族自食其力，钻研学问，最终得以入朝为官。也就是说，他们可以像普通人一样，通过应试入朝为官。还有人当上了不小的官。但同时，弊害也层出不穷。前面也

---

① 本愿寺是日本净土真宗的本山。净土真宗的创立者亲鸾圣人死后，其女觉信尼于1272年建造大谷庙堂，供奉亲鸾圣人，并由觉信尼和她的子孙继任住持。——译者注
② 指日本平安时代末期权臣平清盛（1118—1181）一族。平家一族经过平正盛、平忠盛几代人的努力，在平清盛时权势达到顶峰。1180年，以源赖朝为首的源氏一族起兵讨伐平氏。平氏势力极速衰落，最终在1185年坛浦之战中灭亡。——译者注

说过，清朝宗室享有很多特权。其中一项特权就是，北京五城察院①巡逻时，不得擅入宗室府。于是，宗室府上往往聚众赌博。清朝开国不久，这种弊端就已显现出来。许多宗室府邸成了赌场。巡城官兵即使知道里面有人赌博，也不敢贸然进去。问题非常棘手。不过，这些恣意妄为的皇族当中，也有能人出现。有个叫盛昱的人，我虽未见过，但听说很有学问，曾当过大学校长。他延揽了汉人中大量有识之士，希望能在清朝穷途末路之时，有所作为，为国效力。所以，盛昱身边可谓人才济济。可私底下，盛昱却很跋扈。他喜欢收藏珍奇书籍和古玩，却经常在书店或古玩店强行夺占，不给店家付钱。这个亦善亦恶的人物一览无遗地展现出了清朝宗室的善恶两面。与明朝宗室相比，清朝宗室能通过应试入朝为官是其一大好处。不好的地方当然也有。好处是这些人能有所作为。坏处就是他们常常恣意妄为。明朝的宗室则没有特别好的地方，也没有特别坏的地方，最多因为女色犯个过失。而清朝的宗室与之相比，虽功劳显著，却也弊害丛生。

以上就是一些清朝皇帝及其内治的概况。明天我们再接着往下讲。

---

① 清官署名，负责稽查京师中、东、西、南、北五城治安。——译者注

第 2 讲 异族统一和外交贸易

入关以前满蒙汉三族的统一（附朝鲜）

今天我们讲"异族统一和外交贸易"。

众所周知，清朝拥有中国历史上仅次于元朝的第二大版图。为了扩张版图，清朝曾统一多个部族。早在满洲肇兴、入主中原以前，清朝就统一了几个部族。攻取奉天、辽阳（较之奉天，辽阳才是那时满洲的主要城市）以前，太祖高皇帝努尔哈赤在山中起兵，虽势单力薄，却经常与蒙古发生冲突。今天东北地区南满铁路的终点长春等地，就是蒙古族当年居住的地方。此外，南满铁路沿线的昌图等地也是蒙古族的土地。尤其在南满内地，有些地方的居民虽然是满人，但其酋长却是蒙古族人。今南满铁路沿线开原东北方向叶赫部的酋长就是蒙古族人。由于蒙古族已经深入东北内地，所以清朝在发展壮大的过程当中难免会与蒙古发生冲突。当时，清朝并未征服各部，只是通过缔结盟约对其约束。后来，清朝进入辽东地区，攻取辽阳、奉天等地。由于当时辽阳、奉天以及开原一带居住的都是汉人，所以清朝便将汉人和满人同时划入了治下。除统一当地人民以外，山东一带也有明朝军队前来投降。清朝将这支现成的军队纳入治下。此后，就有了汉人军队，也就是汉军。当时，太祖高皇帝努尔哈赤曾远征与自己相同种族的满人。清朝初期,俄国沿海州一带便已臣服清朝。比起占领土地,那时的战争主要目的是征服百姓。后金派出的远征军不过一两千人。远征军抵达当地以后,不会只俘虏一部分人,而是俘虏全部居民,并将其强迁至后金的都城附近。当时后金的都城设在兴京①,即今天的兴京老城。远征军为何要把所有人强行带到都城附近安置下来呢?为的是增加壮丁,扩充军队。也就是说,为了增加壮丁,扩充军队,清朝采取了这种以征服百姓为首要目标的政策。而后,清朝开始处理与蒙古的关系。当时清朝与达尔汗亲王②一家订立盟约,结成同盟。现在的东蒙古仍有达尔汉亲王。随着清朝势力的发展壮大,到太宗文皇帝皇太极时,人们不再称统治者为"汗",而是于1636 年改称统治者为"皇帝"。起初,后金尊称统治者可汗为"汗王爷"。这种叫法在满洲一直保留下来。直到今天,仍有人称当时的太祖高皇帝努尔哈赤为"汗王爷"。可到了太宗文皇帝皇太极中期时,清朝统治者开始有了称帝的野心。当时,"皇帝"只有中原才有,尊贵无比。其他各国都需接受皇帝的册封。于是,清朝统治者便起了与中原皇帝平起平坐的野心,前去找朝鲜国王商议。朝鲜国王表示,满洲统治者与中原皇帝平起平坐太不像话,回绝了清朝统治者,最终导致清朝出兵朝鲜。蒙古各部对此则十分赞同。满洲和蒙古的四十几个贝勒还联名劝太宗文皇帝皇太极称帝。因此,大清皇帝在居于满洲时期便有了。清朝出征朝鲜后,朝鲜投降,为太宗文皇帝皇太极立了一座三田渡碑③,上面就刻有"大清宽温仁圣皇帝"。这时,清朝已经统一满蒙汉三个民族。与此

---

① 兴京位于今辽宁省新宾县,是清朝的发祥地。1603 年,清太祖努尔哈赤在此筑城。1634 年,清太宗文皇帝皇太极改称"兴京"。——译者注
② 即蒙古科尔沁左翼中旗札萨克达尔罕亲王。——译者注
③ 即大清皇帝功德碑。1637 年,太宗文皇帝皇太极发动丙子胡乱,征服朝鲜,而后要求朝鲜为其立功德碑。由于该碑立在今大韩民国首尔特别市松坡区的三田渡,故通称为"三田渡碑"或"松坡碑"。——译者注

清代的蒙古贵族

相关的记录还有很多,"纲目"中所列的"崇谟阁记录",是我在1905年第一次去奉天宝库查阅资料时发现的。当时我去找盛京将军[①]赵尔巽,也就是现今北京清史馆的馆长,问他能不能把这些资料借我一用。他说自己也是头一回看到这些记录,十分惊讶。这些奉天宝库里的古籍记载着清朝统治者称帝前后与朝鲜的文书往来,十分有趣。起初,无论是朝鲜来信,还是满洲写给朝鲜的信,都称满洲皇帝为"金国汗"。此外,仍有很多别的证据。总之,奉天宝库当中有许多证据表明,满洲统治者

盛京将军赵尔巽

[①] 全称"镇守盛京等处将军",清朝武官职务,是统辖奉天的最高军政长官。——译者注

第2讲 异族统一和外交贸易

称"大清皇帝"以前曾自称为"金国汗"。清朝在编纂实录时，多少有些忌讳曾经自称"金国汗"之事，便将其尽数删除。所以，我们今天才无法看到相关记录。但朝鲜和明朝的资料当中确有太祖高皇帝努尔哈赤称"金国汗"的记录。不过，这些毕竟是敌国的记录，真假难辨。有了崇谟阁记录以及其他材料，我们才得以确认，清朝统治者在称"大清皇帝"以前，确实曾自称为"金国汗"。总之，清朝与朝鲜的往来文书等重要记录以底稿或抄本的形式完好无损地保存在中国。只是如今，袁世凯把这些典籍从奉天转移到了北京。至于这些典籍放在何处，我就不知道了。说不好哪一天发生什么变故，后人就只能参考我们保存下来的副本了。我们当时复制这些资料用的是蓝晒法[①]。由于我是外行，加上又是头一次做，遇到不少困难。这件事情是东京帝国大学的市村教授[②]和我一起做的。

再下边的"同义汇考"是朝鲜辑录的外交文书集。朝鲜的外交对象向来只有中国和日本。虽然我们骂朝鲜对中国是"事大主义"，但朝鲜人自己也把与中国的文书往来称为"事大"，与日本的文书往来则称为"交邻"。这些文书都汇总在《同文汇考》当中。《同文汇考》中的"别编"部分收录了清朝居于满洲时与朝鲜的往来文书，可以和崇谟阁记录对照来看，极具参考价值。清朝曾派兵征讨朝鲜。朝鲜投降以后，还立下三田渡碑以表感念满清恩德。《同文汇考》中收录的就是此后两国的往来文书。清朝尚在满洲自称"金国汗"时期的文书没有收录在《同文汇考》中。这部分内容还得查阅《朝鲜国来书簿》。总之，这些现存的宝贵资料都能表明，清朝统一满蒙汉以后，还把手伸到了朝鲜。

[①] 蓝晒法是一种利用铁盐感光性的印相法，1842年由英国科学家约翰·赫歇尔发明。1950年左右，蓝晒法开始被广泛用于复印设计图纸。——译者注
[②] 即市村瓚次郎（1864—1947），日本近代东洋史学的开拓者之一，曾任东京帝国大学教授，主要著作有《中国史要》《东洋史统》等。——译者注

接下来的"通文馆书籍木版"很有意思。通文馆虽然不如外务省级别高,却是朝鲜掌管外务翻译的地方。朝鲜的等级制度十分复杂。译官属于中等阶层,不能成为上层贵族。其家族世代相传掌管翻译事务,自然会有各种各样的翻译教材。这些教材的木版应该都保存在通文馆中。本来我也担心,如遇不测,这些木版可能就不复存在了。可是,京都大学的新村教授①前往朝鲜时,一个从内地②去过朝鲜的人告诉他,自己手上有这些东西,还分出一些转赠给他。其中有几块现今就保存在京都大学。这些木版如今散落四处,教材自然也很难入手。当时,朝鲜译官所使用的语言有汉语、满语、蒙语和日语,这些语言都有相应的翻译教

朝鲜的官僚阶级

---

① 即新村出(1876—1967),日本语言学家。他曾任京都大学教授,编纂《大言海》《辞苑》《广辞苑》等词典,并著有《东方语言史丛考》《东亚语源志》《语言学序说》《日本的语言》《语言的历史》等。——译者注
② 第二次世界大战以前,日本称所占殖民地为"外地",称固有领土为"内地"。——译者注

材。通文馆里也都开设蒙语、满语、汉语、日语学科。日语学科方面还有教授德川时代①非常礼貌的武士用语的教材。负责翻译事务的通文馆之所以编写这些教材,一定是因为朝鲜意识到了掌握满语、蒙语、汉语的必要性。满洲势力深入朝鲜就是一个证据。我们已在展室展出这些幸存的书籍木版,可供大家参考。以上就是清朝入关以前,统一蒙汉,并把朝鲜纳入属国的大体情形。

绥抚西藏

接下来我们说说西藏。西藏在很早以前就与满洲建立了关系。众所周知,西藏地处中国西部,是亚洲中部海拔最高之地,却能与满洲建立关系,实在不可思议。这一切还得归功于佛教。我们知道,西藏政权由法王统治。佛教在当地十分盛行。当时的蒙古族人信仰藏传佛教,即喇嘛教。蒙古也成了喇嘛教的势力范围。西藏人虽然偏居中国西陲,却对世界上势力强大的君王格外敏感。譬如,现今俄国强盛,西藏便与俄国往来。看到英国在印度势力强大,西藏便与英国开始往来。总之,西藏对天下大势非常敏感。那时,东蒙古著名的察哈尔林丹汗势力一度十分强盛,后来却败给太宗文皇帝皇太极。东蒙古因此几乎全部成为清朝领土。一定是蒙古的西藏喇嘛亲眼目睹了此事,消息才很快传到西藏。于是,西藏不远万里遣使清朝,并呈上喇嘛的颂文。颂文中称,东方有曼殊师利皇帝现世。所谓"曼殊师利",其实就是文殊菩萨。他们把清朝皇帝生拉硬拽地说成文殊菩萨,称东方曼殊师利皇帝现世,将要一统天下。当然,把曼殊师利等佛名用于人名的做法是有例可循的。蒙古酋长们身上就曾有过这种情况。西藏巧用此法,为的就是与新兴的强大政权

---

① 德川时代又称"江户时代",是德川氏统治日本的年代,即从1603年德川家康开创幕府到1867年德川庆喜奉还政权的二百六十余年。——译者注

建立关系。当时，蒙古也有著名喇嘛前来向清朝皇帝献礼，带来了元世祖忽必烈攻打日本时铸成的佛像。此佛名为"摩诃迦罗"，翻译成日语就是财神。但它不同于日本的福神，是更为凶狠的一种神。据说，此佛像所经之地，国家必将实现统一。蒙古献来摩诃迦罗佛像。西藏又有喇嘛远道而来，巧言煽惑，说清朝将一统天下，甚至鼓动清朝在都城奉天的四方各建一塔，声称宝塔建成之日，就是满洲一统天下之时。现在奉天的四个方位仍有东塔、西塔、南塔、北塔四座宝塔。日俄战争时，四座宝塔虽然遭到严重破坏，但依然被保存了下来。由于西藏喇嘛的这番溢美之词，太宗文皇帝皇太极不仅开始信奉喇嘛，建造宝塔（宝塔建成时太宗文皇帝皇太极已经驾崩了），而且还在寺庙里四处立碑。当时的碑文都以四体文字①书写。满文自不必说，除此之外还有蒙文、藏文和汉文。这时的清朝虽然尚未实际统治西藏，却已经有想要一统这四种语言、四个种族的念头了。由于这时的清朝实际已经信奉了喇嘛教，所以明末有名的年轻将领袁崇焕在与清兵时战时和的过程当中，居中的使者就是一个喇嘛。日本战国时代也有过和尚做使者的事情。总之，袁崇焕曾经通过喇嘛与外族交流沟通。如上所述，清朝初期，清朝皇帝就已十分信奉喇嘛教。尤其到雍正帝时，雍正帝既笃好禅学，也信奉喇嘛。做了皇帝之后，雍正帝还将原来的亲王府捐给喇嘛教建造寺庙。再后来，乾隆帝逐渐接受儒家思想，不再特别尊崇喇嘛，只是出于安抚蒙古的考虑才继续信奉喇嘛教。乾隆帝关于喇嘛的认识，在《喇嘛说》碑文中已经写得十分清楚。这份碑文反映了清朝对喇嘛教认识上的转变，已在展室展出。为能说明这些情况，此处特列出了这两份材料。

可见，清朝起初虽然实际信奉喇嘛教，后来却把它当成一种政治手段。总之，清朝与西藏通过喇嘛教建立起非同一般的关系。到乾隆帝时，

---

① 即满、汉、蒙、藏四体文字。——译者注

蒙古嚮導

清朝信奉喇嘛教除作为政治手段以外，也有一种夸耀统一不同民族功绩的心理。元明时期，蒙古人已经开始信奉喇嘛教，并将大藏经，即一切经①，翻译成了蒙古文。这些蒙古文藏经大多放在奉天。前面说过，元朝的摩诃迦罗佛像曾被献给清朝皇帝。这些宝贵的经文就是在那个时候一同被带去的。我觉得这些经文应该是太阳汗在位期间被翻译出来，带去奉天的。这些也是我前些年考察的东西。日本宫内省拿走的部分现存于东京大学。我自己只留下一小部分。其余的藏文藏经都已在展室展出。

康熙帝时，中国有了一切经的蒙文和藏文两种版本。这些版片刻造十分精良，如今可能仍然存在。我只复制了经文的目录部分，也陈列在展室。

乾隆帝时，清朝产生了把藏经翻译成满文的想法。当时，与其说是出于信仰需要，不如说是为了复兴满语，才会把如此大部头的藏经译成满文。乾隆帝还特意请来章嘉胡图克图喇嘛商讨此事。章嘉胡图克图喇嘛住在北京城东北方向的嵩祝寺。他不仅学问极高，德高望重，而且手握大权，为助乾隆帝翻译满文藏经，鞠躬尽瘁。如此，满文藏经才得以面世。据我所知，满文藏经只藏于奉天四塔中的北塔法轮寺。寺里还有诵读满文藏经的喇嘛。日俄战争期间，日军从北方进攻奉天时，俄军在此扎营过夜，北塔寺的藏经被搞得残破不堪。我发现了这些残破不堪的藏经后，把大部分带回了军政署。军政署后来又将这些藏经带回日本。如今，这些藏经存放在东京大学。由于当时京都大学还没有文科，这些藏经便都放在了东京大学，不然肯定就放在京都大学了。虽然有所缺失，但日本或多或少地收藏了清朝的满蒙藏文藏经。总之，清朝与西藏的关系十分密切。此外，乾隆帝认为，藏文与梵文关系密切，西藏文字又来自印度，对研究音韵学意义非凡。于是，他开始组织编纂《同文韵统》。

---

① 佛教圣典的总称，即大藏经，简称藏经。——译者注

章嘉胡图克图等人也参与其中。《同文韵统》主张各国音韵同源同本,很有研究价值。

综上所述,清朝与西藏的关系不仅存在于政治方面,还存在于语言方面。实际上,中国真正征服西藏,把西藏疆域划入清朝版图,并派遣驻藏大臣是在康熙年间。当时,西藏发生内乱,并遭到蒙古——现今新疆地区的汗王侵略;活佛一度外逃;清朝派兵助其平定内乱以后,才与西藏有了领土上的关系。所以,清朝与西藏是先有宗教关系,后有领土关系,再后来才有了语言上的关系。这就是清朝与西藏之间的关系。

征服准噶尔部和回部

第三部分是"征服准噶尔部和回部"。虽然清朝在建国初期已经征服蒙古,但征服的主要是漠南地区。其势力几乎没有进入西部的青海地区。近来由于日中条约[①],人们才开始听说东蒙古或内蒙古。清朝最初统一的就只有这些地方,尚无外蒙古地区。当时,外蒙古到新疆一带,准噶尔部势力日盛,跋扈一时。准噶尔部是厄拉特蒙古的一支,清朝康熙年间势力达到鼎盛,在首领噶尔丹的带领下,统一蒙古、新疆一带。最终,噶尔丹与康熙帝正面交锋。战争持续多年,以噶尔丹的失败告终。噶尔丹服毒而亡,康熙获胜。虽然清朝官方史籍把噶尔丹说得很不堪,可毕竟他们互相为敌,所以不能只听清政府的一面之辞。近来我得到一本《秦边纪略》。我得到的这本《秦边纪略》虽是抄本,却有许多其他书中未述之事,且对噶尔丹赞不绝口。这本书写到,噶尔丹是蒙古人心目中的英雄,后来虽因未得天时地利而败给康熙帝,但势力一度十分强

---

① 即《中日民四条约》。1915 年 1 月,日本向中华民国总统袁世凯提出企图独霸中国的"二十一条"要求,同年 5 月 25 日,袁世凯政府与日本正式签订《中日民四条约》。《中日民四条约》由《关于南满洲及东部内蒙古之条约》《关于山东之条约》及另附的十三件换文组成。——译者注

盛。康熙帝也为能与噶尔丹这等英雄人物一较高下，亲征朔漠地区，写下了《亲征平定朔漠方略》。昨天我们也提到过《亲征平定朔漠方略》。如此，康熙帝的势力首先扩张到了蒙古地区。准噶尔部的残余势力后来还在新疆屡屡作乱，到雍正乾隆年间也时常作乱。尽管清朝深受其扰，但御驾亲征只有康熙帝时那么一次。当时，从内蒙古到新疆以东的部分地区都已划入清朝版图。乾隆时期，回部也被划入清朝疆域。回部是信奉回教——伊斯兰教——的地方，大多是维吾尔族的聚居地。《秦边纪略》中还称，乾隆时期，清朝征服回部，将现今新疆地区的两万余里① 疆土划入治下。虽然书中的表述可能有些夸张，但今天中国版图上的新疆地区的确是乾隆时期打下来的。如此，除之前的四个种族以外，清朝又统一了回部。后来也时有动乱发生，譬如道光帝时，张格尔在新疆发动叛乱；近年又有阿古柏在新疆作乱——左宗棠还亲自前往平乱。虽然时有动乱发生，但乾隆年间，满人得以统一回部。乾隆帝对此颇为得意，还组织编纂《伊犁剿讨志略》以及关于西域的《皇舆西域图志》。总之，收服回部是乾隆帝的得意功绩。清朝征讨回部的过程极为残忍。清朝官兵尽数杀死当地男子，只给妇女和小孩留下活路。乾隆帝还从中挑选了一位绝色美女，纳为妾室，并为她在北京宫殿修建回部风格的寓所。还有一说是，这个嫔妃为了报仇，曾经行刺乾隆，最终被皇太后赐死。

　　随着清朝版图不断扩张，乾隆帝在语言上日渐自负。先前，康熙帝已经有保护国语的想法，开始主持编修《清文鉴》。后来，乾隆帝采用满、蒙二文，主持编修《满洲蒙古合璧清文鉴》，不久之后又采用满、蒙、汉三文，编修《满洲蒙古汉字三合切音清文鉴》，接着又陆续编成《四体清文鉴》和《五体清文鉴》。不过《五体清文鉴》没有刊刻本。

---

① 《秦边纪略》原文为"方今圣武远扬，天山南北二万馀里，皆置郡开屯，归我疆宇。"虽然后来古人借面积单位作长度单位，但原先一里是指长宽各三百步的面积单位。——译者注

第2讲 异族统一和外交贸易

前些年时,我与富冈谦藏老师以及羽田①先生一起,在奉天宝库看到《五体清文鉴》,就将其抄录了一份。《五体清文鉴》是一本满、汉、回、蒙、藏五种文字对译的辞书,是乾隆帝彰显自己丰功伟绩的成果。同时,乾隆帝还主持编修《钦定蒙古回部王公表传》,为归附自己的王公撰文作传。此外,为了统治蒙古,清朝设置了理藩院,根据以前的蒙古律令,以满、蒙、汉三种文字制定理藩院法规。近年来,各种辞书相继面世,其中不乏精良之作。民间甚至出现了回汉对译辞书。昨天展室展出的字

清军与准噶尔部交战

---

① 即羽田亨(1882—1955),日本学者。他对敦煌学、西域史的研究有突出贡献,曾任京都大学教授、校长,著有《西域文明史概论》《西域文化史》等。——译者注

乾隆帝平定大小和卓叛乱

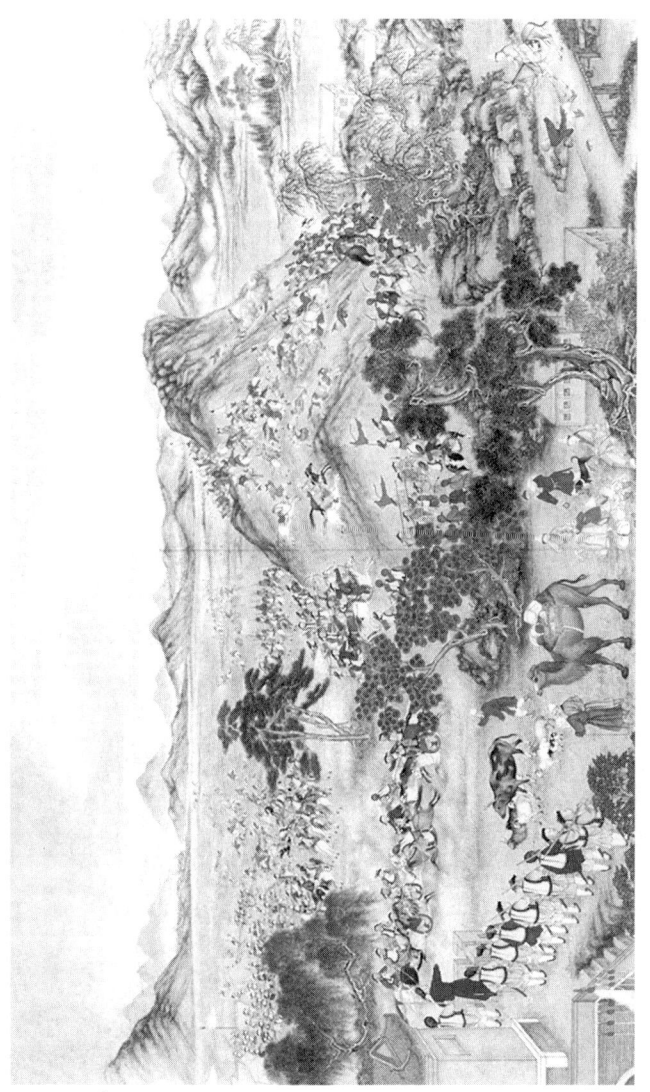

道光帝平定张格尔之乱

上闪着金光的挂轴,是乾隆帝为赏赐进京觐见的西藏喇嘛而特制的。喇嘛圆寂后,挂轴未能送出,辗转至此。这幅挂轴也以满、蒙、汉、藏四体文字写成。

提倡满文的效果

一、与欧译的关系

清朝力倡语学,确实卓有成效。这里就稍微说说提倡满文实际产生的一些效果。

由于汉语十分难懂,所以当时的西洋传教士来到清朝,一开始就学习中文是很困难的。而满语的语法与日语类似,虽然不及西洋语法严谨,可比起汉语就简单多了。西洋人为了阅读中国书籍,就先从读满文书籍入手。无论是四书五经还是历史典籍,西洋人都读满文书籍。那时,《通鉴纲目》的满文译本已经齐全。纲目中的"汉满书籍文书目录"是当时一个叫克拉普罗特的人来中国购买书籍时,为方便研究所作。目录中有很多书是我们今天轻易看不到的。总之,西洋人由于容易看懂满文书籍,为能了解中国情况,便都开始研习满文。所以,康熙帝和乾隆帝大力推广满文,极大地促进了世界对中国的了解。对中国来说,此举有几分益处仍有待商榷。但可以肯定的是,满文在中国走向世界的过程中发挥了巨大作用。

二、日本的满文研究

满文对日本的国际关系也产生过一定影响。希望大家能记住这点。新村教授曾在《艺文》杂志上就此写过一篇文章。我也比较关注这个问题,所以在此列出了"满文研究"。

第 2 讲 异族统一和外交贸易

日本第一个关注满文的是大学者荻生徂徕①。荻生徂徕注意到,当时传到日本的《正字通》卷首写有满文,并用汉语在满文上标注了发音。《康熙字典》流行以前,市面上最流行的就是《正字通》。荻生徂徕看到此书以后,开始研究满文,以黑字标注辅音,以红字标注元音。荻生徂徕一代对满文的研究只进展到这一步。荻生徂徕能读懂的满文,大概和弘法大师②能读懂梵文的程度相当。然而,如荻生徂徕般赫赫有名的

荻生徂徕

---

① 荻生徂徕(1666—1728),名双松,字茂卿,别号萱园,日本江户中期儒学家。古文辞学派的创始人,著有《论语征》《辩道》《辩名》《政谈》《学则》《萱园随笔》等。——译者注
② 即空海(774—835),俗姓佐伯,谥号弘法大师。日本平安初期僧人,真言宗的开山祖师。804 年入唐,806 年回国。他不仅擅长诗文,还是著名的书法家。著有《三教指归》《梵字悉昙字释》《声字实相义》《十住心论》等。——译者注

学者也没能把这项研究坚持下去。后来，日本又传来了以满文音译的《千字文》注释本。日本的书店漫无目的地出版了这本书。估计有人想到这些满文是《千字文》的发音，还曾试着逐一比对过。我手头的这本《千字文》就用红笔一个一个地加了标注。可见，这时的日本人已经开始关注满文。后来，日俄因为北方的库页岛产生争端。最上德内①前往库页岛时，看到了库页岛土著手里的满文文书。库页岛土著每年都会得到清政府官员的封赏。所谓封赏，无非是些无关紧要的官爵以及一些当地特产。库页岛土著带些皮毛过去，清朝则回赐以丝绸。回赐丝绸的同时，清朝还会附上文书，注明所赐。最上德内一行前往库页岛时，看到

库页岛上的土著居民

---

① 最上德内（1754—1836），本姓高宫，名常矩，日本江户时代探险家，曾奉幕府之命前往虾夷、千岛群岛、库页岛等地勘察探险，著有《虾夷草纸》《度量衡说统》等。——译者注

第2讲 异族统一和外交贸易

的就是这些用满文书写的文书。库页岛有个土著——曾被清朝赐名杨忠贞——带着满文文书和丝绸回到桦太。这些丝绸传到宗谷[①]附近的阿伊努人[②]手里后,被日本人称为"蝦夷锦"。蝦夷锦来自何处原本无人知晓。最上德内去了桦太,看到那里织品边角的文字以后,才搞清楚蝦夷锦的由来。原来,清朝设有织造衙门。譬如,南方的苏州和杭州都有织造衙门。丝绸从这些地方运往北京时,就会在上面写上文字。最上德内注意到这些织品上同时写有汉字和满文,才想到,所谓蝦夷锦其实就是清朝南方的织品。后来,这些织品还被用于度量衡的研究。《度量衡说统》一书中曾提及此事。当时,要想知道清朝的度量衡十分困难,人们便想到前往库页岛,利用这些织品进行研究。因此,《度量衡说统》中首次出现了满文记载。据小川教授[③]说,杨忠贞的文书现由最上德内的后人保存。前些年,我用蓝晒法把杨忠贞的文书拍了下来,也陈列在展室当中。近藤重藏[④]在写《边要分界图考》时,也引用了杨忠贞的文书。起初,由于无人知道这些文书写了什么,所以这些文书一直无人问津。如今,虽然也很难懂,但据原本来看,这些文书大概写于乾隆末年,也有一些写于之后的嘉庆年间。

由此可见,日本开拓北方时期,满文已不再停留于荻生徂徠等学者的研究当中,而开始成为一个实实在在的问题。然而,日本此时尚未开始真正的满文研究。就在这时,一件不可思议的事情发生了。1804至

[①] 即宗谷海峡,又称"拉彼鲁兹海峡",位于北海道和库页岛之间,扼日本海和鄂霍次克海的要冲。因此,宗谷海峡是日本海通向太平洋的北方出口。"宗谷"是日本阿伊努语,意为"有岩石的镇"。——译者注
[②] 日本北方的一个原住民族群,分布于库页岛、北海道、千岛群岛等地。——译者注
[③] 即小川琢治(1870—1941),日本地质学家、地理学家,曾任京都大学教授,著有《日本群岛》《中国历史地理研究》等。——译者注
[④] 近藤重藏(1771—1829),名守重,号正斋,日本江户时代幕臣,北方探险家,曾奉政府之命多次前往北方勘察,为北方防务出言献策,著有《边要分界图考》《金银图录》《外蕃通书》等。——译者注

1818年期间，俄国船抵达长崎，要求日本与俄国开展贸易。当时俄国写给日本的信上就有满文。也就是说，信是用俄国的本国语言和满文两种写成。由于俄国人当时对清朝之事有所研究，他们可能认为，满文是日本邻国使用的语言，日本人想必也能看懂，于是就用这两种语言写了信。可这信拿到日本后，既没人能看懂俄语，也没人能看懂满文。当时，统领幕府天文台的高桥作左卫门[①]因无法看懂这些信觉得十分可惜。信如今保存在宫内省的图书寮[②]中。新村教授给信拍了照片，放在展室里。当时满文字典《清文鉴》也已传到日本，收藏在德川家的书库当中。于是，高桥作左卫门花费十几年潜心研究满文。过了三年左右，他已经能看懂一些满文了。后来，高桥作左卫门萌生了编纂满语字典的想法，甚至想编纂满语和荷兰语字典。相比之下，满语和荷兰语相去甚远，和日语更近一些。高桥作左卫门运用荷兰语的知识来解读满文，耗时十几年编成满文字典《满文辑韵》和文法书《满文散语解》。然而，高桥作左卫门由于后来的西鲍鲁特事件[③]锒铛入狱，最终死在牢里。就在入狱的前两天，他还在编写《满文辑韵》。《满文辑韵》有草稿本和誊抄本，誊抄本只完成了三分之二左右。高桥作左卫门在《满文辑韵》结尾部分用很小的字写着日期。该日期正是他入狱的前两天。高桥作左卫门虽为满语研究呕心沥血，最终却因意外祸事被迫中断研究。

尽管无人继承高桥作左卫门的未竟之事，但从1848年至1854年，或许由于日本与外国往来日益频繁，长崎的通事等人开始打算研习满语。

---

① 即高桥景保（1785—1829），字子昌，号观巢，日本江户时代天文学家，曾任幕府天文方，与其父一同协助伊能忠敬完成对日本全岛的测绘，并据此绘制《大日本舆地全图》。——译者注

② 图书寮由日本皇室创建于701年，隶属于中务省，专门从事图书的收集、誊写与保存。1884年，日本采用近代官制，图书寮移至宫内省。1949年，图书寮正式移交宫内厅，并改称为"书陵部"，一直沿袭至今。——译者注

③ 1828年，德国人西鲍鲁特在回国前夕，从幕府官员高桥景保处得到日本地图，企图瞒着幕府将严禁携带出境的地图带走，事发后遭驱逐，高桥景保则被捕入狱。——译者注

所幸，当时长崎有些来自满洲的人。虽然这些人都是无名小辈，但满文研究却得以展开。带头研究满文的是今天北京公使馆有名的郑永邦的伯父郑某。郑某等人领着十七八个中国通事，开始编修字典，着手翻译中国的《清文鉴》，但最终未能完成。这些稿本前些年还被出售过，现今在东京大学某位教授手里。我早些年看到它时，想不明白他们为何要研究满语，后来有一次从北京回来路过长崎时，在一个寺庙里看到郑某的一块碑石。这块碑石就记有研究满语之事。我请长崎的一名属员把碑文抄了下来，也放在了展室。

综上所述，长崎是日本最早研究满语的地方。开始了满语研究。而且，日俄的国际关系使日本的满语研究变得意义重大。虽然满语后来逐渐被人们遗忘，如今想来恍如一梦，但清朝当时普及满语确实极大地促进了西方对中国事宜的了解，影响了日俄之间的国际交往。乾隆帝所做之事，在世界范围内都产生了极大影响。

苗族、台湾、琉球以及东南亚华侨

这部分内容旨在说明清朝势力的不断扩张。我们先说苗族。虽然部分苗族已逐渐汉化，但直到明朝时期，苗族仍由土官统治。土官是指接受朝廷封赐官职、对地方进行管理的当地名门望族。由于湖南贵州一带的土官制度弊害丛生，所以土官最终改为流官。流官是指在各处流动任职的官员。雍正年间，苗族的绝大部分地区都已改土归流。此乃中国内部统一的一大进步。当时出现了很多描写苗族的书籍和图册，京都大学也有收藏，都已放在展室。

我们再说台湾。明朝末年，郑成功据守台湾。到了康熙年间，郑成功仍不奉清朝为正朔，始终奉明朝为正朔。清朝步步为营，最终将台湾全部纳入版图。这些事情在蓝鼎元和姚莹等人的著作当中都有详细记述。

清朝平定台湾以后，台湾仍有蛮族或流浪人口屡屡作乱，但均被清朝戡平。蓝鼎元等人的著作当中也记载着这些内容。后来，又有许多中国人参考前人著述，写了很多详细描写台湾情形的书。这些书籍所述多为台湾经过开垦辟荒，走向文明开化以来的情形。中国人近来之所以对台湾格外关注，与日本也有一定关系。西乡从道①出任大将，征讨台湾，引

西乡从道

---

① 西乡从道（1843—1902），日本明治时期政治家、军人，历任陆军中将、海军大将、内务大臣，晚年被授予元帅称号。——译者注

起了清政府对台湾的关注。清政府这才着手经营台湾，开发蛮荒之地。当时为了在蛮荒之地探险，清朝还绘有《台湾山内地图》，保留至今。这幅地图现今可能保存在台湾总督府①，我有幸也藏有一份。因此，清朝开始管理台湾可谓日本出征的结果。以上就是清朝统一不同部族的一些事情。

我们接下来说说琉球。琉球自古向中国朝贡，清朝时也是如此。当时还著有《琉球国志略》等书籍。琉球人认为，琉球是中国的属国。而清朝也允许琉球人来中国的福建求学。因此，琉球的文化多受福州影响。中国出使琉球使臣的书法，很多都保存了下来。书法名家王文治在琉球时，琉球人纷纷向他求书，留下许多作品。直到今天，琉球仍与福建有文化上的往来。

台湾总督府

---

① 台湾总督府设于1895年。在日本占领台湾时期，台湾总督府是最高统治机关，1945年日本战败后被废除。——译者注

如此，清朝势力得以不断扩张。近年来，东南亚华侨成了中国的一大问题。中国每年都有居民移居东南亚，人数多达几百。而移民所到之处，贸易极占优势。不仅贸易如此，土地开垦以及农业发展形势也一片大好。这就是近年来中国人在海外的发展情况。此处我列举了两个材料——《华夷通语》和新建的郑和碑——以做证明。《华夷通语》是一部汉语与马来语的对译辞书。这部辞书并非像乾隆帝编《五体清文鉴》一样为彰显功绩而编，而是中国人出于商业上的考量，需要通晓马来语才编修的。不过，《华夷通语》虽是一部马来语字典，但并没有用马来文书写。我们再说郑和碑。这个大家可能不太了解。明朝永乐至宣德年间，郑和曾十几次远航东南亚，还曾抵达非洲东海岸。郑和率领数百艘船远航十几次，除发展海外贸易以外，当然也有宣扬国威之意。当时，他们就曾路过东南亚。当地人是否知晓郑和之名尚不可知。不过这件事情在中国非常有名。人们称郑和为"三保太监"，还编了《三保太监下西洋》的戏剧出来，可见郑和的知名度有多高。近来，中国移民念及此事，想在三保太监的相关遗址立碑叙文，就在爪哇立了块碑。以前，中国的贸易远及东南亚一带。如今，中国移民在东南亚势力庞大。我们把这两件事联系起来，回顾历史，再看今朝，颇有一番趣味。

  清朝虽然没有在这些地方扩张领土，但却逐步发展了贸易。明朝时期，四夷馆得以设立。四夷馆负责翻译明朝与外国的往来文书，可以翻译十三个国家的语言。四夷馆中藏有各个国家的外语辞典。这些辞典翻译虽很粗糙，但大略也能通晓意思。到了清朝，明朝的这一传统被继承下来，四夷馆改称"四译馆"。京都大学藏有四译馆中的部分辞典，也已展出。此外，还有一部《八纮译史》，几乎是《四译馆译语》的翻版。总之，这些材料都反映了中国早前在海外的发展壮大。四译馆时代，海外各国前来清朝。这在清朝看来是为朝贡，在外国人眼中却是为寻求贸易。各国使臣奉表纳贡，中国翻译则草草撰表，回复了事。时至今日，这种文书往来的方式不仅对外国来华影响重大，在中国实现民族发展的方面也产生了极大问题。此处内容就是为了说明这点。

外交——与俄国的关系

下面我们说说外交。清朝时期，中国建立的与贸易无关的外交关系主要是中俄关系。中俄关系源远流长，早在清朝居于满洲时期，就有俄国人陆续前来，与清政府频繁接触。顺治帝时期，俄国人已经来到满洲边境，清朝只好布兵防备。然而，与中国不同，俄国兵器多为枪炮，因此清朝不得不派遣一支装备枪炮的军队。当时，东亚地区的步枪数日本最发达。日本出征朝鲜时，最让中国人和朝鲜人头疼的也是日本步枪。那时的中国人多用弓箭，听说只要被日本人的步枪击中必死无疑，都十分害怕。由于朝鲜人知晓日本步枪的使用方法，加之朝鲜当时也有了步枪，所以当顺治年间，俄国人出现在满洲北部时，清朝还征调了朝鲜的鸟枪手。总之，中国与北方邻国的外交关系可谓中国外交活动的开端。顺治康熙年间，清朝对此尤其关注，因此才有了《平定罗刹[①]方略》的成书。中俄关系一度十分复杂。1688年前后，今尼布楚、雅克萨一带还发生过一次大的冲突。后来，中俄签订《尼布楚条约》，首次划分中俄两国边界。当时，中国担心不够了解西洋情况，随行还带着来自西洋的传教士。本次谈判，中国得益颇多，北至黑龙江都归入了中国。当时，俄国人对这个结果也很满意，便与清政府签订了条约，但之后仍屡次来犯。著名历史学家何秋涛编写《朔方备乘》一书，提醒清政府防备北方。《朔方备乘》成书于咸丰年间，详细调查并论述了以往的中俄关系。不过，中国后来还是向俄国做出了重大让步。1860年，英法联军入侵中国，

---

① 罗刹指俄国。——译者注

尼布楚城

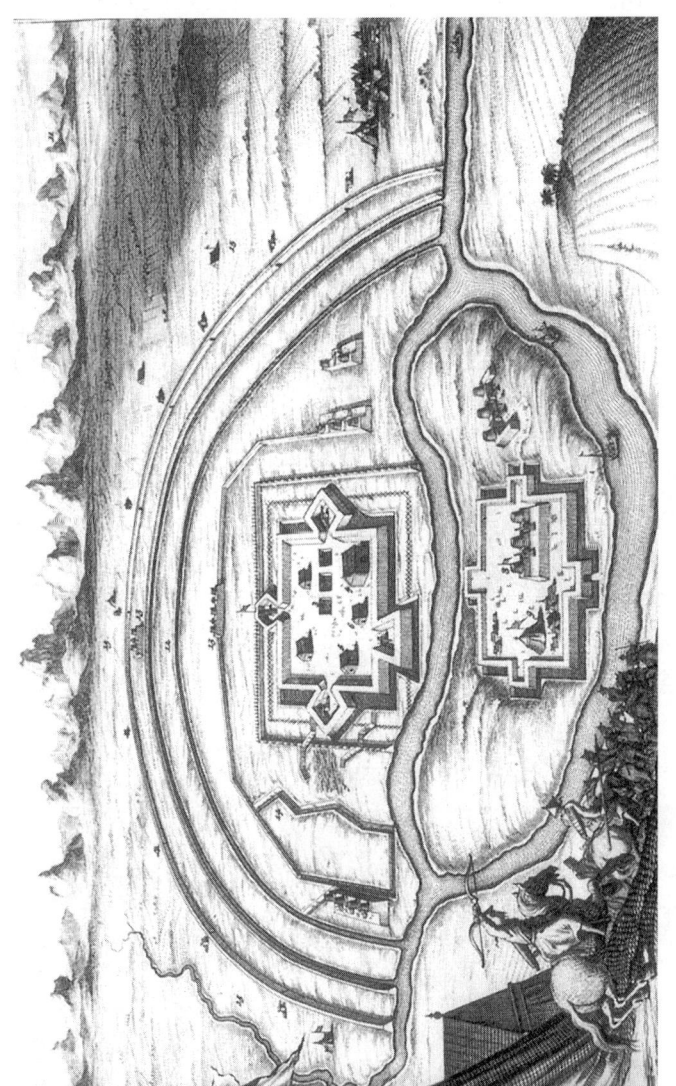

清军将俄军围困在雅克萨城

俄国借出面调停之机，迫使清政府割让沿海各州。由此可见，中国在中俄关系中最初居上，之后渐趋弱势。

其次列出的是"曹廷杰《西伯利亚东偏纪要》及其稿本"。曹廷杰对满洲之事十分了解。咸丰年间，清政府向俄国割让领土；光绪年间，西太后慈禧曾派曹廷杰前往俄境侦探考察。《西伯利亚东偏纪要》中详细记述了曹廷杰在俄领沿海各州踏勘考察的成果，其中不仅有政治方面的调查，还有历史方面以及其他诸如户籍等方面的调查。这部作品非常有名，令我们受益颇多。中国此举本想恢复在东北地区的势力范围，可

咸丰帝

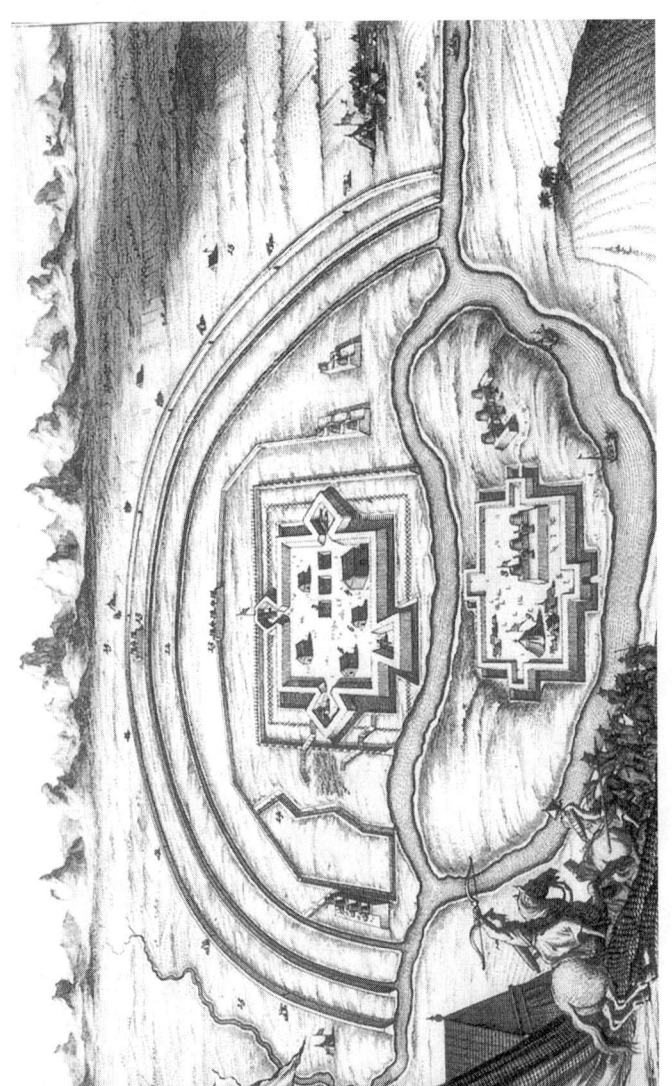

清军将俄军围困在雅克萨城

俄国借出面调停之机，迫使清政府割让沿海各州。由此可见，中国在中俄关系中最初居上，之后渐趋弱势。

其次列出的是"曹廷杰《西伯利亚东偏纪要》及其稿本"。曹廷杰对满洲之事十分了解。咸丰年间，清政府向俄国割让领土；光绪年间，西太后慈禧曾派曹廷杰前往俄境侦探考察。《西伯利亚东偏纪要》中详细记述了曹廷杰在俄领沿海各州踏勘考察的成果，其中不仅有政治方面的调查，还有历史方面以及其他诸如户籍等方面的调查。这部作品非常有名，令我们受益颇多。中国此举本想恢复在东北地区的势力范围，可

咸丰帝

第 2 讲　异族统一和外交贸易

不曾想后来又再次遭遇失地。总之，这时的中国已开始十分关注与俄国的关系。由于没有一幅完整的地图，所以中国在外交谈判当中非常不便。鉴于此，驻俄公使许景澄在任期间还绘制了一幅《中俄界图》。许景澄后来因为义和团运动时直言上谏被杀。

以上就是与领土相关的一些重要外交事件。之后清朝也因伊犁以及其他事情发生过别的外交事件。总之，清朝虽曾统一多个民族，其领土不断延伸扩张，但后来在处理与俄国的关系时，却非常吃力，甚至往往被其压制。这就是清朝政治外交上的一些大略情况。

贸易

下面我们说说贸易。贸易对中国国势的影响重大，因此稍作概述。

一、与日本的关系

日本与中国早在明朝时期就有贸易往来。堺港[①]等商港就是日本为与中国开展贸易而开辟的。中日商贸活动从那时起就很频繁。中国出口日本的商品以药材、丝绸为主。日本出口中国的商品则以铜为主。日本是产铜大国，因此当时铜贸易十分活跃。中国进入清朝、日本进入德川时代以后，两国开始在长崎开展贸易。清朝每年都有商船来日贸易。其商船被称为"唐船"。新井白石[②]就铜贸易做过研究，并撰写《宝货事略》一书。中日贸易虽然数额巨大，但对日本来说却是单向贸易，以进口为主。单向贸易持续几十年的结果就是，日本的金银变得十分匮乏。大量

[①] 堺港是日本大阪府堺市的商港，位于摄津、河内、和泉三地交界处，由于它是日本与中国明朝贸易的据点之一，后来逐渐发展成为日本重要的对外贸易港口。——译者注
[②] 新井白石（1657—1725），日本江户时代政治家、儒学家，在第六代将军德川家宣和第七代将军德川家继当政期间辅佐幕政。著述颇丰，是近代日本屈指可数的大学者。主要著作有《读史余论》《藩翰谱》《西洋纪闻》《古史通》等。——译者注

劣质金银货币被铸造出来，致使金银价值下跌，经济失常。新井白石敏锐地发现了这些情况，便开始调查外国贸易。当时从日本流向国外的金银数额巨大，流向中国的多是银和铜。德川时代初期至新井白石时期的八九十年间，日本的铜外流多达两亿多斤。当然，足利时代①也出现过铜外流，只是外流的具体数额不得而知。《宣德鼎彝谱》一书记载道，铸造有名的宣德铜器的原材料铜就来自日本。所以，日本的铜在足利时

新井白石

---

① 足利时代又称"室町时代"，是足利氏在京都室町开设幕府、掌握政权的年代，也就是从1336年足利尊氏在京都室町建立政权到1573年织田信长废除足利义昭将军的二百三十七年。——译者注

第 2 讲 异族统一和外交贸易

代也曾大量外流，只是不知具体数量。足利时代，日本政府还干过一件愚蠢至极的事情，那就是把铜出口至中国以后，在中国铸成钱币再进口。总之，日本是产铜大国，是中国铜料供给地的事情，早在足利时代就已人尽皆知。后来还有本书叫《天寿随笔》。该书调查了新井白石以后的一些日本铜贸易的情形。书中清楚地记载着日本向中国出口铜料的具体数量。由此可知，新井白石时期到宝历年间[①]，日本铜料流出数额十分巨大。总之，中日贸易关系当中，日本向中国供给铜料，地位至关重要。而这也对中国经济产生了重大影响。中国真正的流通货币只有铜钱。白银虽然也做过货币，但由于只能通过称重流通，因此并不能成为通用的本位货币。只有铜钱才是真正的通货。这就意味着，中国通货的供给方是日本。这种关系十分有趣，中日贸易也因此持续多年。当然，这也促进了中国文明向日本的传播，产生了广泛且深远的影响。那边展出的《清俗纪闻》《南山俗语考》等都是两国当时用于了解彼此的材料。中国与日本的关系大体如此。

二、与海外各国的关系

我们再说中国与西方的关系。中国近来国势江河日下，多与贸易有关。譬如，鸦片战争就是贸易问题引发的。这点不同于中俄关系。中俄关系多是政治问题。中国与荷兰、英国、葡萄牙等国的外交关系，也都是因开展贸易而建立起来的。

贸易方面，近年问题尤其严重的就是茶叶贸易。就此问题，在座的我的一位同事矢野副教授[②]曾做过详尽研究，分析阐述中国茶叶贸易对世界产生的影响。中国的茶叶贸易举足轻重，近年依旧如此。此外，中

[①] 日本桃园天皇年号，指 1751 年到 1764 年的期间。——译者注
[②] 即矢野仁一（1872—1970），日本学者，曾任京都大学教授，主要研究中国近代外交史，著有《近代蒙古史研究》《近代中国外交史》《中国人民革命史论》等。——译者注

国以前还向西方出口药材。譬如中医所用药材大黄。中国在西方成立茶叶贸易的行会组织，大量向外出口茶叶，引得英国等国纷纷派遣使者来华。乾隆末年，外国使者来华寻求贸易多是为了茶叶。当时，使者远道而来，清朝都赐以茶叶。《粤道贡国说》中就提及此事。由此可见，茶叶贸易在清朝中期就已十分重要。不可思议的是，茶叶贸易还对中国的经济产生了巨大影响。

中国古代都以铜为本位货币。清朝真正的货币仍然是铜。不过，这时出现了一种实际上比铜钱更能发挥货币作用的东西，那就是银。随着贸易和商业不断发展，更轻便的货币备受青睐。中国早在金、元时期就有了纸币。纸币与票据性质相仿，直到今天仍被我们使用。元朝时期，政府开始发行官方纸币。元朝基本没铸铜钱，虽然也有少量铸币，但主要通用货币是纸币。元朝曾设置大规模的纸币流通机构，还在各处下设地方机构。但中国政治弊害丛生，难以管理，最终导致纸币贬值。今天，中国人使用纸币时，都偏好较旧较脏的纸币。因为这些纸币流通了好几年，没有假币。但以前的中国人和今天的日本人一样，更偏好新币。因为政府的官办银行不兑换太旧的纸币。所以，人人都觉得持有旧币吃亏，都不喜欢旧币。为了能让纸币流通，明朝费尽了心思。譬如，明朝曾设立只能用纸币交税的关卡。它们设于中国内地的各个地方，现今依然保存完好，称为"钞关"。

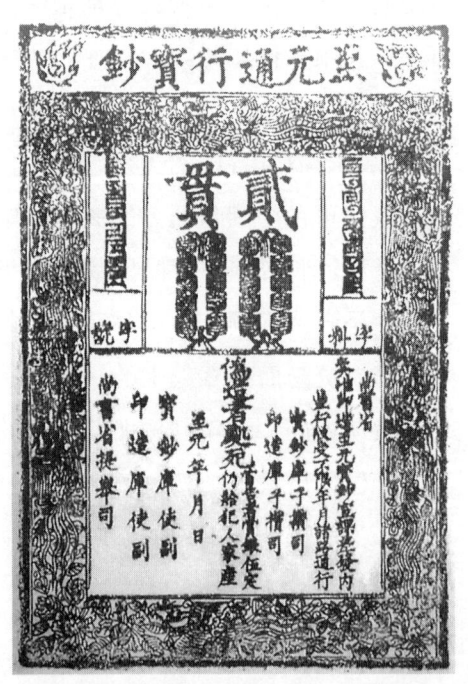

元代的纸币

第2讲　异族统一和外交贸易

钞关多设于船通行的地方，规定通关税费只能用纸币缴纳。内地的征税关卡只能流通纸币，多少会促进纸币流通。明朝正是出于这种考量，才设置了钞关。如今，虽然不再只用纸币交税，但钞关这个名字却依然保留着。人们把对外贸易的海关也称为"钞关"。总之，虽然明朝大费周章地设立钞关，试图促进纸币流通，但纸币在中国这样的国家仍然很难流通。于是，一种代替纸币的货币渐渐流行起来。这种不用担心实际质量变差，只要成色确定，任何时候都能通用的货币就是银。以前，皇帝赏赐臣子，除了各种珠宝玉器，还会赏银。银最初并不作为货币使用，从明朝起才逐渐成为一种流通货币。以银作为货币的问题是，除非政府铸造出统一货币，否则人们在使用时就不得不考虑它所含的银量。因此，明朝以后，人们为研究金银成色煞费苦心。譬如通过手摸、吹气、听音等来判断银的成色。据关于明朝古董的书籍记载，白银也有诸多种类。最上等的名为"金花银"，是最好的银两；次之又有不同成色等级。总之，白银开始渐渐流通。可是，明朝时期，中国的白银十分稀缺。有本书中记录了明末万历年间中国的税收总额。那时缴纳租税，产米之地就以米纳税，产草之地就以草纳税，划分类别多种多样。万历年间缴纳银两数额不过四百万两，可见银价之贵。据说，丰臣秀吉出征朝鲜时，明朝在七年内用掉了五百万两白银，致使朝中大乱，成为明朝灭亡的原因之一。仅仅五百万两白银就引得朝中大乱，万历年间皇太子成婚花掉一千二百万两白银引起极大骚乱也就再自然不过了。明朝末年，为了征讨满洲，明朝征税高达一千六百万两白银，最终引起内乱，导致明朝灭亡。清朝时期，白银数量大幅增加。道光末年，鸦片战争前后，清朝年财政收入约有四千五百万两白银，少的时候也有三千七百多万两，但定额是四千五百万两。虽然无从得知准确算法，但明末财政收入不过四百万两，清朝却是它的十倍之多，可见白银数量变得多么充裕。中国白银产量很低。清朝时期的主要银矿位于云南。康熙乾隆年间，云南银矿既有官办，也允许民间开采。朝廷对其征收税赋。有一本名为《滇南矿厂图略》的书，专门记述云南矿山情况。书中写道，虽然此处产铜很多，但产银很少。万历年间，听闻云南有银，明朝政府还曾在云南开办银矿，用时七年，声势浩大。可是，万历年间最大的银矿七年所产白银不过三百万两。因此也有人说，正是因为万历年间开采矿山，明朝政治才会出现百般弊病。书中还说，虽然银的产量微乎其微，但道光年间银的数量却大幅增加。这些增加的白银都从国外而来。如今中国有很多墨西哥银流通。其实早在墨西哥银以前就有很多来自外国的白银了。

三、贸易的效果

接下来我们就该说说贸易的效果了。《古今钱略》一书介绍了各种各样的外国货币，其中最主要的是西班牙货币。读过本书，便可知外国货币在中国流通之甚。这些外国货币都是通过贸易进入中国的。当时，中国对外贸易货品大部分是药材和茶叶，后来以茶叶为主。到乾隆帝时，清朝已经通过贸易获取了大量财富。乾隆时期，国内泰平。乾隆帝自己也极尽奢华，一生十分幸福。这很大程度上得益于清朝国内没有战乱，财政收入充足。但货币充裕、财富增长又得归功于对外贸易。尽管如此，乾隆末年，英国马戛尔尼伯爵来华请求通商时，清政府却表示无此前例，拒绝了他。实际上正是因为对外贸易，清朝财政才得以如此富裕。可见，清政府完全没有注意到这点，更非有心敛夺他人财富。然而，清朝毕竟因对外贸易而富，最终引得外国以鸦片进行反击。鸦片早在明朝时期就已进入中国。暹罗等国曾向中国进贡鸦片。康熙乾隆以来，鸦片渐渐进入南方，最初只作药用，后来作为烟草被人吸食，使人上瘾。当时，鸦片在台湾已经造成严重弊害。尽管吸食鸦片极大损害人体健康，但鸦片还是大量流入，政府也无计可施。道光末年，茶叶贸易积累下来的白银都因鸦片贸易而外流，令中国财政出现大动荡。白银由贱变贵，给政府

马戛尔尼伯爵觐见乾隆帝

鸦片吸食者

第2讲 异族统一和外交贸易

财政造成很大困难。那时清朝征收税赋，都是民间纳钱，政府中途进行兑换，再以银入库。因此，白银市场一旦汇率紊乱，就会对政府造成损失。清政府由于银价动荡，损失惨重。这也成了道光以来中国国势衰微的原因之一。政府对鸦片的弊害警惕起来，决心根除其弊。林则徐在广东销毁鸦片引起很大轰动，最终导致鸦片战争爆发。《中西纪事》《粤氛纪事》《英夷犯境见闻录》《海外新话》《溃痈流毒》等书对此事都有记载。如今中国可能已经没有这些书了，但它们对日本的影响深远。《英夷犯境见闻录》以抄本传到日本，之后很快被编译成《海外新话》。《海外新话》的作者岭田枫江[①]是丹后田边人，后来住在上总国[②]，于1848至1854年翻译此书。岭田枫江有次去北海道时，回程在东北[③]转了一圈，还在我家住过。我的父亲曾见过他。当时，我的父亲十三岁，岭田枫江二十八岁。岭田枫江年轻时就是一个爱国志士，十分关注日本与北方俄国的边境问题。他看到《英夷犯境见闻录》后，认为这本书对日本大有益处，这才将其编译成《海外新话》。但时值德川时代，幕府认为这本书有违上意，勒令毁版。岭田枫江则被处以禁锢之刑，发配上总国，于1883年辞世。《海外新话》中提醒日本对贸易问题以及外交关系提高警惕，对日本颇有裨益。但很多中国人连《英夷犯境见闻录》的书名都没听过。近来虽有人说要出版它，却也只是说说而已，实际并未出版。中国无人问津的东西，却在日本引起极大关注，提高了日本人对西方的警惕。日本人总爱替古人担忧，处处谨小慎微。但也正因如此，日本才有了今日的强盛。所以，神经质或许也是日本人的一个优点。除《海外新话》之外，当时还有很多相关书籍面世。鸦片战争时期，宁波乍浦有

[①] 岭田枫江（1817—1883），名隽，字士德，丹后田边藩藩士，民间教育家，有志于海防，著有《海外新话》。——译者注
[②] 上总国是古代日本令制国之一，属东海道。其领域相当于现在的千叶县中南部。——译者注
[③] 指日本东北部地区，包括青森县、岩手县、秋田县、宫城县、山形县和福岛县。——译者注

人编成《乍浦集咏》。这本书整体上并不是讲鸦片战争的,只是收集的当地诗作中有些与鸦片战争有关。《乍浦集咏》传到日本以后,日本人开始关注鸦片战争。诗集很快出现了四个版本。大名鼎鼎的伊藤圭介[①]老师、小野湖山[②]老师等人,都同时出版了此书。鸦片战争让日本人有切肤之痛。许多学者纷纷开始思考,当此时局,日本应当何去何从。这些极大地推动了日本的维新之势,成为今天日本繁荣强盛的一大原因。总之,中国贸易形势大变对日本产生了深远影响,甚至带来了日本的繁荣富强。中国诸多问题都与日本息息相关,对日本有直接影响。拿前面的例子来说,民族统一促进了满语的兴盛,而满语又对日本的国际关系产生影响。从贸易方面来说,中国的贸易问题也影响了日本的国运国势。这些都是中国对日本造成的影响。

  上面讲到很多关于钱的事情。我们也展出了一些样本放在展室。咸丰年间,由于长毛贼作乱,清朝财政凋敝,曾一度发行纸币。纸币的样本我们也已展出。财政紧张时,政府往往会开铸大钱。日本在财政困难的天保年间,曾铸造天保通宝,又称"当百"。一枚当百价值百钱。清朝在咸丰年间也铸过大钱,譬如当五十、当百等。铸造大钱只限于财政困难时期。所以,展出这些大钱也是为了证明,清朝内乱爆发以后,财政十分困难。由于这部分内容与清朝钱币有诸多关系,所以我把《制钱通考》一书及清朝的钱币也都一并展出。今天的演讲就到这里。

---

① 伊藤圭介(1803—1901),日本植物学家,曾任东京大学教授,著有《日本物产志》《日本植物图说》《花史杂记》等。——译者注
② 小野湖山(1814—1910),名长愿,字怀之、士达,舒公,日本明治时代著名诗人,著有诗集《湖山楼诗钞》等。——译者注

第 3 讲　外国文化的输入

明朝远道而来的天主教传教士

今天我们来讲清朝时期外国文化的输入。

在日本等国看来,中国原本就有自己的文明,所以应该很少受外国文明的影响。实际上,中国这种大国由于国民性不太坚固,所以对待外邦文明也出奇地包容。由于不像日本一样大肆宣扬国家主义,所以中国吸收外国文明相对自由许多。我们暂且不提远古时代。仅元朝时期,外邦君主统治中国之时,这种事情就格外多。元朝时期,蒙古在统一中原以前首先征服了西域地区。西域有多种多样的中亚文明。蒙古人是接触这些中亚文明以后才来到中原的,所以即使看到极具特色的中原文明,也不会认为它有多闪耀。这样一来,中亚文明和中华文明在元朝时期几乎受到相同待遇,甚至汉人的待遇反而不及中亚人。与元朝不同的是,清朝虽也是异族统一中国,但满人还居于满洲时期就已深受中原文明的影响。且满人征服中原以前,也只征服了蒙古。所以满人对中华文明的佩服程度,远高于元朝时期的蒙古人。可满人毕竟是外族,有段时期十分热衷寻求中华文明以外的文明。明末时期,欧洲文明开始传入中国。明朝万历年间,有名的利玛窦来到中国传教。这并非耶稣教徒第一次来到中国。元朝还在蒙古时期，就有旧教的传教士去过蒙古。此外，明朝正德年间，已有传教士不为传教，而为贸易来到广东。继利玛窦之后，传教士纷纷来华，对中华文明产生了极大影响。从这一点来说，利玛窦来华很有纪念意义。

来华的传教士努力学习中国语言，刻苦钻研中国学问，费尽心思想要找到中国学问与天主教的契合点。最终，利玛窦等人将一些很有影响力的中国学者争取为信徒。纲目中列出的徐光启就是重要信徒之一。徐

利玛窦（左）与徐光启（右）

光启，今上海人，是中国著名学者。他曾为利玛窦做翻译，钻研各种学问，后加入天主教，并获教名"保罗"。当时，天主教士传教的一大优势就是，他们曾在欧洲旧教学校学习各种学问，掌握了中国人最匮乏的天文、算术等知识。明末历法极其混乱。明朝沿用的是元朝历法。元朝有位著名的天文学家，叫郭守敬。郭守敬发明的天文观测仪器现今还保存在北京。本来有两件保存下来，前些年八国联军侵华时，一件落到法国人手里，一件落到德国人手里。法国拿走的那件后来还回来了，德国拿走的那件却一直没有归还。总之，中国现今保存着这件十分精巧的天文仪器。郭守敬是个旷世之才，参考西域通行的历法，修订了元朝历法。1684年至1687年，这套历法对日本产生了积极意义。日本的历法十分落后，1684年以前一直使用唐朝历法。虽然日食、月食极不准确，但仍沿用这套历法。晚了四百年之后，元朝历法才于德川时代贞享年间为日本所采用。中国历法在此之后也屡经变化。明朝初期，明太祖朱元璋十分重视天文历算之学，曾召集中亚精通蒙语的人从事天文研究，从而奠定了明朝的历法基础。明朝直到万历年间，沿用的都是明太祖朱元璋时期的历法。然而，这个时期的历法已经存在很大误差。最直观的就是日食观测。历书上虽写有"今天日食"，当天却没有日食出现，这种事情时有发生。由于季节不同，常有两至三天的误差，所以日食从未在预测好的时间出现。即使是外行，也能看出这套历法是有问题的。于是，明朝开始考虑改革历法。而来自西方的传教士正好通晓历法计算。虽然这些可能只是欧洲教会学校教授的一般知识，但由于西方传教士知晓历算方法，传授这些知识便成了他们获取中国人信任的一个手段。徐光启、李之藻等人就是传播西方历法的主要人物。

另外，地理学从这时起也取得很大进步。元朝时期，中国对西方地理一无所知。利玛窦来华刚好是在欧洲地理大发现以后，因此传教士都带着最新的知识而来，掌握着十分精确的地理学。利玛窦来到中国以后，中国才有了《坤舆万国全图》。《坤舆万国全图》对东方学术贡献不菲，其中有几张传至日本，不过大多辗转流失，所幸京都大学还有一件保存完好。说几句题外话，这幅世界地图对日本德川时代三百年间的学术发展也发挥了很大作用。大家都知道，新井白石是德川中期复兴学术的著名学者，博学多识，也很关注时事。新井白石很早就知道利玛窦的这幅世界地图。朝鲜使者来日本时，新井白石负责接待的事情十分有名。某次，在与朝鲜人笔谈时，新井白石提到利玛窦有幅《坤舆万国全图》，朝鲜人闻所未闻，只好含糊作答。前些年我在朝鲜看过一本记有这段笔谈的书。这本书后来落入日本人手中，如今可能在朝鲜总督府上。当时与新井白石进行笔谈的可能是朝鲜使者赵泰亿。赵泰亿的藏品后来被悉数出售，其中也有一些新井白石以及其他日本学者赠予他的诗文。虽然他与新井白石的笔谈全不在了，但谈及《坤舆万国全图》的那页却保存完好。或许朝鲜人也对新井白石的见识感到佩服，才特意取这一页收藏保存吧。新井白石等人之所以能先于日本，甚至东方各国学者关注世界形势，很大程度就得益于《坤舆万国全图》。如今，朝鲜并入日本，回头再看这份笔谈，也别有一番趣味。

接着我们来看《天学初函》。这本书也与天主教有关。当时的天主教传教士都很有想法，譬如有人想在中国开办欧式大学。有本《西学凡》就介绍了欧洲大学的结构体系，包括理科大学教授什么课程，宗教大学教授什么课程，医科大学又教授什么课程，并表达了作者希望开办这样一所大学的愿望。后来明朝灭亡，这些想法未能实现。起初，中国人对待天主教的态度很公正。他们认为，天主教拜天与中国祭天是一个意思，天主教就相当于是西方的儒教。很多人也把利玛窦等人当作西儒，即西方的儒士来对待。利玛窦一生著述丰富，对中国产生了深远影响。他去世以后，又有大量传教士纷纷来华。中国当时出现了很多关于天文学的著述。西方天文学渐渐开始批评中国皇家天文台的错误，最终引起西方

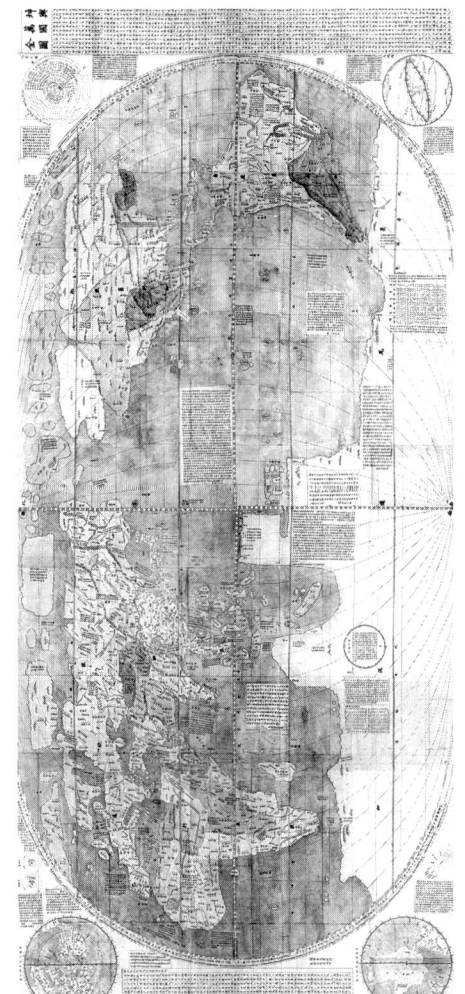

《坤舆万国全图》

传教士与中国学者之间的冲突。虽然这于儒教并无大碍，但与掌管天文台的天文学家却有直接利益关系。对他们而言，受到西方历算学家的攻击，意味着自己有失职之嫌。因此，中国皇家天文台的天文学家不遗余力地进行反击，与西方历算学家展开了一场论战。

明清时期的历算学家汤若望以及其他传教士

明朝末年来到中国的汤若望十分擅长推算天文历法，曾与中国天文学家发生多次争论。中国当时已有一些官员相信西洋历算。汤若望在中

汤若望

国官员的举荐下，掌管朝廷天文，不过也遭到了不少人的反对。当时，外行一般很难对专家之间的争论判别高下。但到后来，外行竟然也能看懂天文领域的专家争论了。这是通过测算日影实现的。譬如，某月某日正午，立一根几尺长的杆，计算太阳的影子会有几尺，算得准不准便一目了然。如此一来，复杂高深的学问就简单多了。这不失为让外行看懂其中门道的一个好办法。汤若望等人为此做了充分准备。由汤若望亲自制造的日晷仪今天也陈列在展室，是现居于京都的罗振玉带来的。只要立起日晷仪，就能根据日影的投射方向来判断时间，测算十分精确。不过，还有一种外行也能明白的方法，就是刚才提到的立竿测影。西方传教士在这方面深得人们信任，势力日渐强盛。但如上所述，直到明朝灭亡，相关争论也不曾休止。汤若望还一度失势，锒铛入狱。

当时的西方传教士大多热衷历算之学，几乎快要忘记自己的传教本分。由于传教坏境非常宽松，所以各地都有大量传教士前来传教。但因为遭到中国学者的攻击，传教士一度被驱逐出境。有本名为《破邪集》的书汇编了各种相关资料，收集天主教与中国人之间发生的论争史实。当时，南京一带的传教士虽遭驱逐，却寻找各种借口不愿回国，留了下来。我手上的这本《破邪集》在水户刊刻成版，即使拿去问中国人也鲜有人知，或许在中国已经失传了。

一方面，传教士因传教之事惨遭迫害。另一方面，西方历算被用于明末的明清战争当中。传教士虽为传播教义而来，却个个知晓天文，精通器械。明朝政府于是想到，何不让他们帮政府造些火炮呢？如此一来，传教士担起了为明朝铸造火炮的职责。这些火炮在与清朝的战争当中发挥了巨大效力。太祖高皇帝努尔哈赤起兵满洲与明朝交战时，所用兵器皆为弓箭。明朝这边当然也是弓箭。但由于清朝兵力强盛，明军不敌，因此清朝先是攻取辽东，后又挺进辽西，入侵辽西大部，直到紧逼宁远附近。这时，明朝政府才萌生了利用传教士的想法。奏效最明显的当数太祖高皇帝努尔哈赤攻打宁远一役。当时的守城将领是大名鼎鼎的袁崇焕。近日《大阪每日新闻》上写道，袁崇焕是袁世凯的祖先，十恶不赦，深受京城百姓憎恶。他去世时，京城百姓争相分食其肉。袁崇焕死后，其躯体被分食虽确有其事，但此人并非那么十恶不赦。而且，袁崇焕战绩显赫，无人能出其右。袁崇焕是第一个也是唯一一个向明末皇帝进言，主战需做好作战准备，主和也要做好议和准备的人。袁崇焕籍贯广东，十分年轻，驻守宁远时不过二十七八岁。太祖高皇帝努尔哈赤以为只是寻常明军，一路攻来。起初，袁崇焕偃旗息鼓，清兵如入无人

袁崇焕

第3讲　外国文化的输入

之境。等到清兵抵达城下，袁崇焕点燃西洋人铸造的大炮，大破太祖高皇帝努尔哈赤之兵。宁远战役的失败对太祖高皇帝努尔哈赤打击很大，甚至有人说他就是因此负伤。一个朝鲜人亲眼目睹了这场战争，并记下此事。太祖高皇帝努尔哈赤想不通明军怎么突然变得这么强大，抑郁成疾，含愤离世。总之，袁崇焕这一战对清朝打击不小。明朝此番大获全胜虽离不开袁崇焕的战略，但头功还得归于西洋炮火。后来满洲打败明军，靠的也是西洋炮火。昨天我们讲到，山东一带有人向清朝投降。现今朝鲜西海有一座远离海岸的岛屿①，明朝时期由大将毛文龙驻守。当时降清的就是毛文龙的部下。毛文龙虽为一员大将，却有点像地痞流氓，手下率领一众爪牙喽啰。由于隶属明军，所以他们也都装备火器，经常从背后牵制威胁清朝。毛文龙是个很难缠的主儿。虽然岛上驻守兵士不过两三万人，但他却向明朝政府索要十万人的饷银。当然，即使按照流氓头子的作派，他也应该不会把钱都装进自己腰包。总之，毛文龙当时

清代的大炮

---

①　此处是指皮岛。——译者注

过着十分奢侈的生活，不时从背后威胁清军。袁崇焕考虑到作战需要大量军饷，有必要对此加以整顿，便将毛文龙叫到现今旅顺西部的双岛湾，将他斩杀。毛文龙被斩以后，他麾下的众多大将都带着火器投降了清朝。当时，清朝极度重视火器制造，凡可制造火器之人，皆予重赏。如此，清朝也用上了西洋火器，还为它取过一些很奇怪的名字。譬如，人们曾给大炮取名为"红衣大将军"。这里的"衣"字其实本是"夷"字，只是清朝讨厌被称为外夷，才改用"衣"字，意指来自西洋的火器。有了这些火器，清朝得以对抗明军，直至最终打败明朝。因此，明末时期的传教士在中国内部可谓发挥了重大作用。"纲目"所列的马尔蒂诺·马尔蒂尼①《论鞑靼之战》才得以留传至今。我们大学收藏的就是当年出版的珍本。这本书对了解当时的情形很有帮助。

除以上这些实际事务以外，传教士在学问等其他方面也对中国产生了很大影响。由于西洋人来到中国后要学习中文，而中国人也开始学习西洋事务，所以便渐渐有人研究起了音韵学。其实，早在明末时期就有人关注音韵学，还写了一本《西儒耳目资》。这是一本用罗马字研究汉语发音的著述，由金阁尼所写，已陈列在展室。随着翻译事业的发展，这种学问的重要性日渐凸显，也得以不断进步。

如此，西学在中国得到了大发展。进入清朝以后，明朝时期惨遭迫害的天文学家汤若望也迎来了他人生的巅峰。汤若望的历算之法深得清政府信赖。自清以来的历法都是基于西洋历算制定的。利玛窦、徐光启、汤若望等人的肖像在基歇尔②记述中国情形的著作当中都有，也已陈列在展室。

---

① 马尔蒂诺·马尔蒂尼（1607—1661），汉名卫匡国，明清之际来华的耶稣会传教士，主要著作有《论鞑靼之战》《中国历史初编》等。——译者注
② 基歇尔（1601—1680），德意志耶稣会士，在数学、光学、音乐学、考古学、东方学等领域均有建树，著述颇丰。代表作有《埃及语言之复原》《地下世界》《中国图说》等。——译者注

来华传教士马尔蒂诺·马尔蒂尼

来华传教士基歇尔

历算的成功者南怀仁

天文历算方面,人们越来越信任西法。到康熙帝时,南怀仁取得了巨大成功。前面说过,康熙帝十分热衷西洋学问,胸怀统一各族的雄图大志,并不独尊中国学问。他很尊重中国学问,同时也尊重西洋学问,积极任用洋人。南怀仁深得康熙帝宠信。清朝此前一直使用元朝制造的观测仪来观测天象。南怀仁奉康熙帝之命,开始制造新的观测仪。这些

来华传教士南怀仁

观测仪现今保存在北京天文台。八国联军侵华战争之前,观测仪一直保存完好。八国联军侵华战争爆发以后,仪器被法国人和德国人掠走。由于德国始终拒不归还,中国只好做了一个小型观测仪充数。总之,南怀仁所造的大部分观测仪一直保存至今。从那时起,中国国家天文台钦天监规定:钦天监监正除中国人担任以外,必须有一名洋人担任。这项制度延续至道光年间。也就是说,直到鸦片战争爆发之前,清朝的天文制度都规定要选用一名洋人担任要职。这项规定对中国的一般学问影响极大。最直接受到影响的自然是天文、数学。当时的中国学者不仅研究本国数学,而且开始研究西洋算术。梅文鼎的《历算全书》就是一部中国人研究西洋数学的伟大著作。

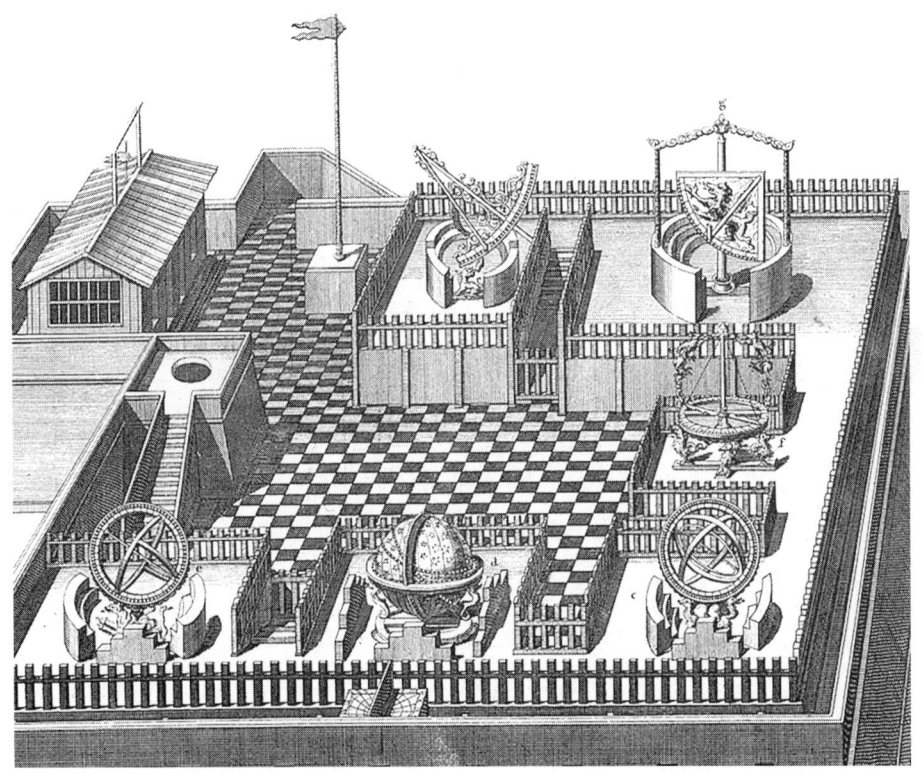

南怀仁制造的天文观测仪

康熙乾隆年间的地理探险以及外交（传教士的任用）

从重用南怀仁起，康熙帝已经意识到，西洋人比中国人掌握的知识更精确实用，于是打算将其应用于其他学问和政治实务上来。其中，地理探险以及地图测绘方面的应用最成功。这些都是天文学的应用成果。中国地图在此之前十分奇怪，粗糙简略得不成体统。绘图师基本采用计里画方的方法，画一个四四方方类似棋盘的东西，上面填入地名，大体拼凑而成。这可能是因为中国天文学不够发达，学界也从未测量过土地的经纬度。康熙帝时，清政府首次测量土地经纬度，确定主要城市位置；确定土地位置以后，再制定方针，绘制地图。当然，这些都是西洋人提出的想法。如此，中国终于绘制出了全新的地图。绘制这幅地图的过程可谓艰苦卓绝。西洋人中地理测绘方面的专家大量被遣往中国内地、蒙古及满洲，后来还被遣往中亚。西洋人去不了的地方，譬如西藏，则由西洋人挑选蒙古人中的有识之士，教授简单的测绘知识，然后将蒙古人遣往西藏，让西藏人为他们做向导，绘制西藏地图。从那时起，中国地图才变得精确起来。不仅如此，之后再也没有出现更好的地图。也就是说，这时的地图虽已十分精确，可越往后来，地图测绘却越是退步。康熙年间由于任用洋人，中国的地图得以绘制得十分精确。道光年间的地图却一代代地退回到以前那种粗劣的中国式地图画法。即便现在，我们要看中国的大致地形时，参考的还是康熙时期的地图。西洋人也一样，尽管市面上有各种各样的书籍，但看中国地形时，参考的也都是旧时的地图。譬如，法国出版的唐维尔的《中国新图集》是根据当年分赴各地探险的人们绘制的各地地图整合而成。京都大学收藏了唐维尔的《中国新图集》，已经陈列在展室。杜赫德的《中华帝国全志》也一同展出。这些地图都是根据满文记注的中国地图绘制的。而这些满文记注的地图现今也都保存完好。我和小川琢治教授分别在奉天、北京给部分地图拍了照，今天都陈列在展室。西洋人应该就是以这些满文记注的地图为底本，标注罗马字以后，将其送回了国内。中国也制了汉字版本。康熙年间所制地图有总图和分省图，我们手上只有分省图。这些分省图虽然没有加入经纬度，却也十分精确。一眼看去，最醒目的就是将山峰绘成了山脉。以前的中国地图上，山峰只是散乱分布，不会绘成山脉，而康熙时期的地图却绘有山脉。不过，这也仅限于康熙时期的地图。乾隆帝以后的地图上，山峰又变成了独峰，没有连成山脉。所以，康熙时期绘制的地图相比之下是最好的。这都得益于清政府对洋人的任用。在此之前的中国地图都非常粗略，满洲、蒙古一带的地图更是如此。虽然可以想象这些地图有多么低级，但前些年在北京时，我有幸发现了一幅以前的地图。当时，为了把地图全部复制下来，我没日没夜地花了三四天，才把地名标好，带回了日本。大家看看它就能知道以前的地图有多幼稚，有多不成体统。后来，中国地图的绘制技术凭着西洋人带来的知识得以突飞猛进。直到今天，西洋人仍以那时的地图为准，在中国各地实地测绘，进行完善。可中国国内的地图测绘日渐退步，直至清朝末年才开始重新研究西洋的地图测绘方法。总之，当时的地图测绘取得极大发展，与此相关的东西都已陈列在展室。

　　西洋人不仅在绘制地图方面深受重用，还在外交方面得到任用。昨天我们提过，考虑到与俄国打交道时需要用到西洋知识，康熙帝派遣内大臣索额图前往黑龙江与俄国谈判时，还派了西方传教士徐日升、张诚作为顾问一同前往。中俄边境所立碑石的碑文当中，除俄文、中文以外，还刻有拉丁文。由此可见，西方传教士也曾参与中俄外交。

　　总之，康熙帝在一些重要事务上积极任用洋人。乾隆帝后来也继续任用洋人，让他们绘制地图。不过，乾隆时期国家富庶，比起实务领域，娱乐消遣方面的发展更大。

西洋艺术的应用

一、绘画

清朝对西洋人的任用突然转向艺术方面，可谓一大奇观。康熙年间，西洋技法在艺术方面已有所应用。康熙帝曾命人绘制有名的《耕织图》。自古以来，中国皇帝都需了解民间疾苦。绘制《耕织图》也成为表达帝王体恤民情之意的惯例。我们去京都的寺庙时，经常能看到元信[①]的画。画作描绘百姓耕种情形，与《耕织图》比较相像。康熙帝时的《耕织图》由学习西洋画法之人——焦秉贞所作。这幅画的特别之处在于融入了西方透视画法，使远景和近景均清晰可见。以前的中国画透视画法很不成熟。而焦秉贞的《耕织图》则采用西洋画法，清晰表现了远近纵深。焦秉贞深受康熙帝宠信，画作无数。只是近年来已经很难看到他的真迹。幸运的是——虽然对中国是个不幸——革命战乱使这些画作又重现世间。我们再说《南巡图》。《南巡图》描绘的是康熙帝南巡时的情形，用笔细腻精致，采用远近法也是其一大亮点。这幅《南巡图》是罗振玉先生的藏品。此外，由于市面上出现许多西洋画作，所以研究西洋透视画法的书籍也开始被翻译出版。这些都与中国绘画趋向采用西法不无关系。不过，西画东渐发生在更早以前。

顺序有些乱了，下面我们来看"纲目"中所列的"自然的影响"。之前说过，明末已有大量西洋人来华，并带来了许多画。而且，既然是天主教，必然要兴建教堂，绘制壁画。那些精美绝伦的典型的西方壁画一定也对中国产生了很大影响。其中，受西洋画法影响最大的就是这里列出的画家吴历。吴历是清初画坛六大家之一，极负盛名，画作多采用

---

① 即狩野元信（1476—1559），日本室町时代画家，狩野派始祖狩野正信之子，成功将土佐派大和绘的绘画手法融入中国水墨画，奠定了桃山时代狩野派隔扇画的基础画风。代表作有《大德寺大仙院客殿袄绘》《妙心寺灵云院旧方丈袄绘》等。——译者注

康熙帝南巡

西洋画法。虽然他也有不用西洋画法的作品,但大多是西洋画法。大原先生^①所藏吴历的《枯木图》用的就是西洋画法,今天也借来陈列在展室中。从吴历的传记和别的地方都可以看出,他与天主教颇有渊源。由于信仰西洋宗教,吴历还去过有"洋人集中地"之称的广东、澳门旅行,留下一本类似见闻记的东西。展室展出一封吴历写给王石谷的书信真迹。王石谷是清朝无人可及的大画家,在当时颇负盛名。从信中可以清楚地看出,吴历是信奉天主教的。书信内容如下:"忆在苏堂相会,计有二十余年。人生几何,违阔如是。仰惟先生之名与智,杰出于众,但百年一着,为之备否?若得今忘后,得地失天,非智也。为君计之,朝斯夕斯,省察从稚至老,纤愆无遗。盖告解时倾心吐露而愿改,解后

19世纪中期的澳门

---

① 疑是日本实业家、收藏家大原孙三郎(1880—1943)。1930年,大原孙三郎在日本冈山县仓敷市设立大原美术馆。——译者注

补赎得尝,虔领耶稣圣体,兼领圣宠,以增神力,即有升天之质。"王石谷并非天主教徒,可吴历的口吻却完全把他当成了信徒,可见其信教之狂热程度。所以他的画作肯定也受到了天主教的影响。如今我们有幸一睹画作的真迹,也是一桩乐事。来到日本的也有一些有名画家,譬如喜画观音的黄檗宗高僧陈贤。看陈贤的画时,多少能看到一些西洋画的影响。因此,不仅仅是吴历,那个时代与西洋人直接接触的画家,恐怕多少都受到了西方的影响。

诸如此类的例子还有很多。总之,康熙帝时期,在皇帝的倡导下,中国人渐渐开始关注西洋画。不可思议的是,后来西方画家竟也反过来作起了中国画。其中有个很有名的意大利人,叫郎世宁。郎世宁是康熙中期至乾隆中期的人,在中国去世,是中国最有名的西洋画家。此人传世作品很多,部分被收藏在京都大学。虽然郎世宁是个西洋画家,但他在中国生活六十年之久,期间开始学习中国画,创作中国画。据中国史料记载,郎世宁多画中国山水画。西洋人画中国画常常缺少一种中国人叫作"士气"的东西,而郎世宁的作品则士气十足,为中国人称道。不过今天看来,郎世宁的画作重在写生,山水画并不是特别出众。总之,西洋人学作中国画也是件新鲜事。郎世宁的西洋画也很不错,此处列出的《竹叶亭杂记》中就详细记载过此事。书中写道,康熙乾隆时期,大天主教堂共有四个,分别是东堂、西堂、南堂、北堂。其中南堂的壁画就是郎世宁画的。壁画完全采用西洋画法,远近纵深表现清晰,人物几欲浮出画面。总之,郎世宁熟练掌握西洋画法,对中国画也颇有兴趣。他深受乾隆帝的宠信,是乾隆帝的御用画师,奉命画过许多作品。虽然也有其他西洋人学作中国画,但郎世宁是最主要的代表人物。

中国历朝都设有画院。康熙至乾隆年间也仿此例设置画院,命名"如意馆"。皇帝喜欢的画师都被召到这里供职,郎世宁就是其中之一。此外,也有画山水画或写生画的画师供职于此。清朝画院在乾隆帝时达到

《乾隆帝雪景行乐图》,郎世宁绘

郎世宁创作的山水画

鼎盛。宋徽宗设置画院之初，出现一种院体风格。明朝宣德年间设置画院，征召大量画师，也画出一种院体风格。帝王大多喜好消遣游乐之画，不求气韵高雅，富有奇趣，但求画面精美，生动有趣。因此，即使在绘画的鼎盛时期，院体画也多有这种倾向。清朝的院体画也不例外，形成一种院体风格。民间的山水画名家不管平常作品如何气韵高雅，一旦进宫奉命作画，作品便也成了院体风格。与其他画作对比来看，画院里画师作品的特点再突出不过了。关于这点，等到讲清朝书画时，我们再边看画边讲。总之，西洋人在画院当中占有重要地位，这一点是值得注意的。我挑了一些画院画家的画放在展室，以供大家参考。其中陈枚、郎世宁、吴历等人的画作都是中国院体画的代表作品。总之，清朝时，中国的绘画风格受到了西洋艺术的极大影响。

二、铜版画

西方的美术工艺也渐渐影响了中国。其中影响最大的是铜版画。日本也有从西方传来的铜版画。司马江汉[①]将铜版画引入日本，开创一种日本画法，以其妙趣横生的特点广为流传。铜版画传入中国则更早一些。中国的铜版画并非都出自洋人之手。有证据表明，早先的铜版画虽出自洋人之手，但后来大多由中国人绘制。乾隆时期，铜版画达到鼎峰。乾隆帝是个好大喜功的人，只要出征某个地方打了胜仗——中国所谓胜仗并不可靠，达成和议往往也叫胜利——就要作诗留念。若是大些的胜利，还要在太学立碑。不仅清朝如此，中国自古以来打了胜仗都要在太学立碑。日本若也如此，一定很有趣。中国有所名为辟雍的太学，打了胜仗一般都会在此立碑告功。清朝时期，乾隆帝打了胜仗，譬如平定伊犁以

[①] 司马江汉（1747—1818），日本江户时期画家、学者。早年入铃木春信门下学习浮世绘，后来兴趣转向西洋画，开始创作油画，并成为日本最早的铜版画家。主要著作有《不忍池图》《天体地球图》《江汉西游日记》《西洋画谈》等。——译者注

乾隆时期的铜版画《解围黑河》

《乾隆平定西域得胜图》

后,也在太学立了块很大的碑,记述战争经过。不过,好大喜功的乾隆帝后来不再满足于在太学立碑告功,开始想用绘画传播自己的功绩。由于传教士会作西洋铜版画,乾隆便想用它来宣扬自己的战功,铜版画就此兴起。今天展室展出的两幅铜版画是铜版画中最早的和新近的作品。最早的铜版画可能出自西洋人之手,因为中国人的衣服画得很像洋人的衣服,年号也是用洋文写的。后来,西洋人开始教中国人作铜版画,渐渐便有了中国人的画作。因此,道光年间的铜版画中,面孔成了中国人的面孔,山水也是中国风格。但铜版画最终还是日渐衰落。我们在展室陈列了一些样本。铜版画在中国只是皇帝的一种消遣娱乐,并没有像在日本一样普及流行。不过,到底是皇家御制,做出来的铜版画都十分精美。如此,西洋事物逐渐被中国吸收采用。

三、玻璃器

下面我们说说尚有诸多疑问的乾隆玻璃。我去问中国学者罗振玉时,他也说不清楚。这些玻璃器物近年在西方极受追捧,大量被出口西洋。我有个朋友中川忠顺[①],去年到今年的这段期间,都在波士顿鉴赏审查美术品。他在那边看到乾隆玻璃后,也是一头雾水,搞不清楚。可西方人断定这些玻璃绝非西洋人所造,而是由中国人在中国造的,将其称为"乾隆玻璃"。其中也有一些不同年份的制品,但应该都制于康熙至乾隆年间。我也去中国的日本古玩店打听过,据古玩店的人说,这些玻璃产于山东博山。总之,很多情况直到现在依然搞不清楚,也没有发现相关记载。反正西洋人认为,那时的中国玻璃比现在的玻璃要精美得多。虽然如今尚有许多疑问,但大家可以先去看看实物。

---

① 中川忠顺(1873—1928),日本学者,曾任帝室博物馆(现东京国立博物馆)研究员,主攻东洋美术史,著有《云冈石佛》等。——译者注

四、音乐

音乐方面，中国也深受西洋影响。今天我们去中国听音乐时，最能听出西方元素的就是洋琴。洋琴的音色并不怎么好听。根据史料记载，中国还对西洋音乐做过研究。康熙帝对音乐颇有兴趣，曾敕令编纂《御制律吕正义》，对历代音乐家关于中国乐理中的十二律吕，以及十二调之本黄钟之宫的争论下了定论。因为这时已有西洋人来华共同参与研究，所以《律吕正义·续编》当中还论及西方乐理知识。中俄外交时任用过的葡萄牙人徐日升就精通音律，将西方乐理传入了中国。他把弦音高低与声音高低的相和称为"和声"，以此为基准论述乐理。此后来到中国的意大利人德礼格也很精通音律。这两人的理论大体相同，并无二致。除阐述乐理之外，《律吕正义·续编》还详细记述了西洋音乐的记谱方法——从如何画横线到如何标记西洋音乐中的符号——可谓事无巨细。由此可见，康熙帝时已经有了研究西洋音乐以供中国参考的想法。除皇家研究以外，民间也有人对西洋音乐抱有兴趣。譬如著有《圣武记》的著名历史学家魏源。为研究西洋事务，魏源曾前往澳门。日本人学习洋务去长崎，中国人则去澳门。魏源去澳门以后，在一个西洋人家里做客时，有一个眼神清

魏源

澈的外国女孩为他弹奏了一首钢琴曲，令他叹服不已。他为此还作了一首长诗。可见，魏源是个很新潮的人。虽然我们不知道他的研究成果如何，但他确实深深为西洋音乐所折服。较之皇家的研究，这些研究可能更使西洋音乐真正走进了中国。不过，如今的中国音乐还是纯粹的中国音乐。究其原因，可能是中国这种古老的国家，即使研究外国事物，也只会将其内化成自己的东西。虽谓之研究，却也只停留在兴趣层面。

五、数学的发展

接下来我们说说数学。我对数学一窍不通，所以可能讲得不是很清楚。之前说过，在西洋数学的影响下，中国出现了很多数学著作。道光年间，有位西洋数学造诣很深的大数学家，叫李善兰。近来研究西洋数学的著作，大多是由他翻译的。其实，除数学家以外，西洋数学对中国的历史学家和经学家也影响巨大。西洋数学盛行之际，需要研究天文历算的经学家和历史学家也无不对它加以留意。因此，中国学者中不乏数学造诣颇深的历史学家和经学家。譬如历史上的长春真人曾受成吉思汗邀请，在不远万里前往中亚觐见的途中看到了日食。中国的历史学家已经开始尝试据此计算当地的经纬度，判断那次日食相当于历史上的哪次日食，进而考证其地理位置。诸如此种，其他领域也受西洋数学影响颇多。中国人向来注重面子。为了证明不只西洋有数学，中国古代也有数学，清朝还兴起了研究中国古代数学的风气。一时之间，不够发达的中国古代数学获得一片叫好声。

数学领域大家辈出的同时，鸦片战争的爆发使林则徐等人开始关注西方。《瀛寰志略》随之问世。《瀛寰志略》在日本也广被翻刻。明治维新以前，日本对西洋的认识大多来自此书。《海国图志》也对日本人了解西方起了巨大作用。另外，经小川琢治教授提醒，今天展室还展出了一些地质学方面的书。这些书籍都是鸦片战争时期中国人关注西方

李善兰

林则徐

的成果，大都被翻刻成了日文，极大地推动了日本对西方的研究。所以，日本西洋学的发展很大程度上离不开中国的这些书籍。

六、兵器

下面我想稍微讲讲兵器。清朝末期，李鸿章为平长毛之乱，雇佣英国将军戈登率军作战，便使用了西洋兵器。自此，西洋兵器才传到了各

戈登

地军中。不过,清朝也因这些兵器而亡。明朝时期,明军使用的西洋兵器后被敌军所用,导致明朝灭亡。而清朝也是由于使用西洋兵器,致使湖北一带暴动,最终走向了灭亡。

七、中日采用西法之异同

其次所列为"中日采用西法之异同"。首先我要说明的是,虽然中国自古以来都积极吸收西洋文明,但始终难以将其融入本国学问,进而形成中国人的思想。原因之一可能是中华文明博大精深,一定程度上阻碍了对外来思想的吸收。但除此之外,也有可能是方式方法的问题。日本广泛吸收西洋文明始于幕府第八代将军时期。与中国一样,日本最先引进的西方文明也是天文历算。之后,西洋学问开始在民间盛行。在中国,数学这些形而上的东西更盛行,而在日本则是医学、实验科学更发达。杉田玄白[①]等人的积极倡导为今日盛行的西学奠定了基础。这些先行者多为医生。后来许多医生还搞起了副业,旁及地理学、兵学等。所以,德川幕府末期,医生成为兵学家的事情常有。他们从事的方向甚为广泛,但根本还是医学。这就是中日之间的不同之处。在中国,西洋历算、艺术的吸收由君主的个人好恶决定,与百姓实际生活中的需求相去甚远。而在日本,虽然学习西法同样始于历算,但民间学者很快便参与其中,开始从事与人们生活关系密切的医学研究。也就是说,西学是从实用领域传入日本的。可能正是这一点,才使日本人比中国人更容易接受西方人的思想。当然,日本不像中国拥有根深蒂固的文明,所以可能更容易接受外来思想。但西法采用方式的差异也是造成其不同结果的一大原因。文明在中国只属于君主、贵族等上层社会。这些人并不看重实验科学这些人们生活中所必需的东西。无论百姓过着如何贫困生活,贵族阶

[①] 杉田玄白(1733—1817),名翼,字子凤,号鹩斋、九幸,日本江户时代著名医者。其译著《解体新书》为推动日本医学发展做出巨大贡献。——译者注

层都不大可能关注。他们只会习以为常地研究数学这些接近空想的学科。而在日本，学者大多都是穷人。只有兰学[①]算是依靠大名的保护发展起来，贵族才多一些。相比之下，中国民间不仅不崇尚学问，反而认为做学问是极为烦琐、令人生厌的事情。正因如此，中国才会天文数学一枝独秀，人才辈出；经学史学略受影响；而根本的国民文明并未受到太大影响。

时至今日，西洋文明在中国依然偏属于上层社会，与下层人民关系不大。而日本对西洋文明的采用始于医学，对人民的根本生活产生了广泛影响。因此，西洋之优秀文明使日本文明得以改头换面。这就是中日之间的不同之处。今天就讲到这里，明天开始讲经学。

[①] 江户中期以后，人们统称通过荷兰语研究西洋科学文化的学问为"兰学"。德川幕府闭关锁国期间，兰学成为日本了解西方的唯一窗口。——译者注

第4讲 经学

宋 学

今天我们讲经学。之前也说过,我这次的演讲会尽量避开政治方面,主要讲文化方面。截至目前,我们首先讲了作为文化中心的帝王之事,后来又讲到清朝的特有文化,也即这种异邦语言的相关情况,以及贸易对财政经济的一些影响,对文化的奠基之功。再后来,我们还讲到帝王对外国文化的吸收。从今天起,我们开始讲中国国内的、本国的文化。

像中国这种历史文化悠久的国家,每逢太平盛世,国家稳步发展之时,一般都会复兴本国传统文化。清朝国泰民安、国力强盛之际,本国文化也得到了极大发展。中国自唐朝以来,即使偶有战乱爆发,也几乎没有因连年战事造成的黑暗时代,文化传承得以绵延不断。所以,清朝的文化兴盛是指早前就很繁荣的文化随着时代的变迁有了新的发展。

清朝文化当中发展最繁荣的首推学术,而经学又居于学术之中心。清朝经学达到了两汉以来前所未有的兴盛程度。经学研究推至一般学者,而且开始具有真正的学术性,这是两汉时期不曾有的。清朝的经学研究在中国学术发展史上可谓史无前例。当然,经学并非在清朝时期突然兴起。明朝时期,受宋元时期的影响,宋学十分盛行。虽然笼统地将其称为宋学，但除程朱理学以外，还包括陆王心学。明初，程朱理学与陆王心学分营对垒，不相上下。到明末时，学者之间兴起一股讲学之风。所谓讲学，是指不仅钻研学问，还要像我今天来这里演讲一样，以所做学问为演讲材料，用禅宗的问答方式，通过口头空论来研究学问。不就事实进行研究，而以口头空论来做学问被称为讲学派。参考书目最开始列出的顾炎武、黄宗羲二人则极力反对讲学派。尽管如此，讲学派仍有学者辈出，譬如这里列出的孙奇逢、李中孚等人，他们都延续了明末的治学方法。明末讲学派中，陆王学派的讲学之风较之程朱学派更盛。万历年间以小说批评家之名为日本人所闻的学者李贽曾剃发，穿僧服，拄手杖，允许男女混杂一堂听他讲学。这在中国是非常忌讳的。顾炎武一派对此极力反对。顾炎武本为朱子学者，在对讲学风气的批判过程中开始倾向于以事实来研究学问，渐渐疏离朱子学说，成为清朝与程朱理学对立的汉学一派的开山之祖。同时，顾炎武不失宋学精神，可谓既取宋学，也为汉学开山。我们再看黄宗羲。明末时期，黄宗羲起兵抗清复明，曾遣使日本请求援兵，后来看到明朝大势已去，才弃政从文。他与王阳明是同乡，虽所学出自王阳明，但由于自己前朝余党的身份，不愿抛头露面，因而排斥讲学，倾向于以事实研究学问。随

顾炎武

着研究的日益兴盛，后来又分出了浙西学派和浙东学派，分别由顾炎武和黄宗羲开其端。我们来看看浙东、浙西的大致地图。钱塘江就在浙江，浙江以东的学派称为浙东学派。这里是宁波。宁波有个地方叫余姚。余姚既是黄宗羲的出生地，也是王阳明的故里。除这两人是浙西、浙东学派的开山始祖以外，参考书目中还列了很多名字，由于时间关系，这里就略去不提了。顾炎武后面写着徐乾学，意思是徐乾学对顾炎武的学问有所继承。黄宗羲下面的万斯大、万斯同也继承了黄宗羲的学问。徐乾学后来深得康熙宠信。之前我们讲过，徐乾学曾经深居洞庭山，邀请众多学者编纂《一统志》。此外，他还有别的匿名编纂的著作。徐乾学下面所列的纳兰性德是个年轻的满洲旗人学者。徐乾学出于政治上的考虑，曾经编书并让名于纳兰性德，以此拉拢满人。现今保存下来的《通志堂经解》就是徐乾学编纂，但冠以纳兰之名的一部巨著，收罗了宋元明三朝经解。清朝那时只有宋学。本着将宋学著作全部收罗在内的初衷，《通志堂经解》得以问世。其实，这部著作完全就是徐乾学用早前搜集来的资料，挂纳兰性德之名刊刻成书的。徐乾学是顾炎武的外甥，虽然对顾炎武之

黄宗羲

学有所继承，但两人性情大不相同。顾炎武一生拒绝仕清，而徐乾学却比较精于人情世故。不过，顾炎武学说中宋学的相关部分对徐乾学影响颇多。以上就是清初宋学一支独秀的情形。

宋学当中又有孙奇逢等兼采陆王程朱之学的一派、程朱派和陆王派三个学派。他们与顾炎武、黄宗羲不同，都出自讲学派。孙奇逢、李中孚等人到了清朝也仍四处讲学，名噪一时。虽然也有人借着讲学沽名钓誉，但也不乏像李中孚这种清政府屡召不仕的名士。总之，以上这些都出自讲学派。

清初的宋学就是由这些人缔造的。不过，这个时代——主要指康熙以前的时期——清朝的宋学尚未形成气候，只是初具清朝特色。所谓清朝特色的宋学，就是讲学的同时，虽不至考究事实，却也遍览经书，脚踏实地去做研究。这些人当中，程朱学派中的李光地曾研读当时已经脱离宋学的顾炎武的著作，渐渐流入顾氏之学。因此，康熙以后的清朝宋学和明朝时期大不相同，不再空谈讲学，开始注重读书。

再下面所列姚鼐、方东树等人的宋学，其实已是后来之事。这里暂不说。姚鼐以下的宋学是指受到清朝汉学影响之后的宋学，以后我们再讲。

李光地

第 4 讲　经学

汉　学

　　清朝经学当中最具特色的是汉学。虽然凡是中国学问，日本都称之为汉学，但清朝所谓的汉学是指汉朝学问。随着宋学渐渐被世人嫌恶，人们开始上溯汉朝，钻研汉朝之学。所谓汉学，一言以蔽之，就是不讲学。这是治学方法上的不同。此外，汉学派十分崇尚朴学。简单来说，朴学就是闭门穷经，注重考据。中国人做学问，流于浮华的大有人在，譬如上面说到的以演说为主的讲学，或者撰文作诗以博取名声的做法。而朴学则对追名逐利、迎合世人的学问弃若敝履，只是关起门来潜心治学。在清人对朴学的推崇下，学问不再流于装饰，开始成为经世致用之学。因此，汉学派贯彻如一的治学主张就是实事求是。"实事求是"一词最早出自《汉书·河间献王传》，即治学必须从事实出发，不能只是空谈。这就是清朝汉学派的学术主张。

　　一、初　期

　　历经变迁，经学发展到了这里所列的阎若璩、朱彝尊、胡渭等人的时代。纲目中写着"以上清初之学尚属草创"，也就是说，这些人都是汉学发轫之初的学者。不过，他们其实并非纯粹的汉学家。譬如阎若璩就出身宋学，只是他对程朱理学从不盲从，而是亲自一一考据经籍来做学问。阎若璩有本很有名的著述，叫《尚书古文疏证》。历史上广为流传的《古文尚书》编于东晋时期，沿用多年。宋朝时期，朱子等人开始怀疑《古文尚书》中混有伪作，阎若璩对此进行了深入研究，将其伪迹一一辨出。不过，这都基于朱子的怀疑。此外，阎若璩还著有《四书释地》。宋学虽研究四书，可到后来，纯粹的汉学只研究《论语》和《孟子》，不研究《大学》和《中庸》。而阎若璩仍然研究四书，可见他尚未脱离宋学。下边的毛奇龄是萧山人，学问多受王阳明影响。

因出自陆王学派，他对程朱理学百般抨击；又因批判朱子学说，他对阎若璩的《尚书古文疏证》也持反对态度。阎若璩渐趋汉学。毛奇龄虽出自陆王学派，也渐趋汉学。总之，康熙时期，能人学者辈出。宋学等以讲学为主的空疏学风受到猛烈批判；汉学兴盛之兆初现。此外，还有张尔岐研究礼学；朱彝尊研究经书提要，并撰写有名的《经义考》；胡渭则深入研究《尚书》中的地理内容以及部分《周易》。这些人虽称不上是纯粹的汉学派，却开启了朴实无华、实事求是的治学之风，为汉学的发展奠定了基础。

二、中世极盛期

此后，汉学不断发展壮大，渐成气候。同时，因地域、师承、家学不同，汉学分成了不同派别。"纲目"中的吴派、皖派等，有些是我自己起的名字，有些则是一些广为流传的说法。这里列出吴派、皖派、北学、扬州学派、闽学、浙东学派、常州学派，并标有"以上为中世极盛之期"，意思是从吴派至常州学派都属于汉学全盛时期。汉学全盛时期形成了以上众多派别。汉学全盛始于乾隆时期。康熙时期尚属宋学的天下。虽然初有顾炎武，后有阎若璩、毛奇龄等人，但总体仍是宋学的天下。而且，康熙帝十分尊崇宋学，身边有宋学名臣李光地。虽不谓之为师，但康熙帝却常与他探讨学问。李光地后来还奉旨编修《朱子全书》，辑录朱子的全部著述文字以及相关书籍。不仅皇帝尊崇宋学，民间亦是宋学的天下。从这时起，皇帝已经有了为古来经学做定说的想法。许多著述纷纷问世，其中最有名的是《三礼义疏》。礼学之兴意味着学问开始不尚空谈，转向注重事实，渐渐呈现出了康熙时期宋学的特征。参与礼学研究的学者有方苞等人。宋学虽仍为宋学，却不再囿于四书，开始研究礼学，可谓清初学问的一大特征。总之，这时仍是宋学的天下。但乾隆时期，学术风潮突然从宋学转入汉学。乾隆虽自幼接受宋学教育，

第4讲 经学

但他崇尚学问,广读博览。久而久之,民间学风也为之一变。"吴派"所列的第一个人惠周惕是吴派的开宗立派之人。虽然惠周惕尚未脱尽宋学之风,但到了第三代惠栋时,汉学已真正确立。惠氏是苏州经学世家,三代相传,影响深远。余萧客、江声等人深受惠栋影响;兼治经史的王鸣盛、钱大昕等人也深受惠栋影响。余萧客、江声是直接受其影响;王鸣盛、钱大昕则是间接受其影响。

钱大昕

再下边是"皖派"。这里的皖指地跨长江的安徽。长江以南多为深山，民风顽固刚强。皖派就兴起于此地。皖派的中心人物戴震师承江永。江永治学兼采汉宋，承袭顾炎武之学，对顾炎武的部分学问进行了更细致的研究。到戴震时，学问取得极大发展。之所以这么说，是因为直到此前，顾炎武等人的治学方法虽谓为实事求是，却很空泛模糊，并未有家法或师法形成。所谓家法和师法，是指某个学派系统的治学方法。汉朝时期，各家均有专治学问，研究《易经》的只研究《易经》，研究《书

戴震

经》的也只研究《书经》，各有各的家法。因此，研究必须在家法的约束下开展。清朝学者继承了这个做法，主张治学不能没有师法，也不能没有家法。不过，清朝的师法和家法与汉朝时期稍有不同。汉朝时期，如研究《易经》，就只能传授所承之学；研究《书经》，也只能传授所承之学。研究《书经》的又有二至三家，方法各不相同，各自传承。到清朝时，师法和家法变得更学术化和系统化。对此有奠基之功者就是戴震。顾炎武的部分学问，譬如中国称为小学的传统语言音韵学虽已自成家法，但所有学问均有家法，形成一套放之四海皆准的法则却始于戴震。所以戴震可谓清朝汉学的代表人物之一，地位极其重要。戴震寿命不长，只活了五十几岁，但其学术地位却很高。戴震沿承顾炎武的研究，主攻语言音韵学。语言音韵学的研究为什么很重要呢？研究距今两三千年以前的事情时，宋学家往往以今义解古文。就好比读日本《万叶集》①时，将诗歌中的语言擅自按照现代意思解释，注解既不充分也不准确。而汉学派主张，古代的语言必须要用古义去解。因此，研究语言的学问就变得很有必要。西方称研究语言的学问为语言学，中国则称之为小学。小学既有分析字形的学问，也有研究字音的学问，分为文字、音韵、训诂三个部分。小学的研究法则始于顾炎武，至江永、戴震时得到确立。此外，江永等人这时已开始关注礼学。后来，戴震等人为部分礼学奠定了更准确的基础。礼学当中，尤以《考工记》最艰深。《考工记》记述的是周朝工具的制造方法。譬如车舆如何制造，大钟如何制造，木器、铜器又如何制造。如果不知道这些，就不可能真正了解周朝的生活。戴震认识到了这项研究的重要性，便开始着手研究《考工记》，考察当时实际使用的工具以及所有与生活相关的实物。不过由于那时很少挖掘遗物，所以他主要是从书本上做研究。除音韵学、训诂学以外，戴震也很注重

---

① 《万叶集》是日本现存最早的诗歌总集，共二十卷，作者和成书年代不详。8世纪末，全卷编纂完成，共收录四千五百余首和歌。——译者注

思想方面的研究，并写下《孟子字义疏证》一书，考证宋学家之言论是否如实地阐释了古人思想，有无曲解。清朝汉学在思想方面并未取得很大进步，倒是上面提到的小学和礼学取得了很大发展。总之，戴震以这三种学问为治学之基础，可谓他的一大特点。

皖派与吴派的不同之处在于，吴派之学、惠氏一家的学问因兴于苏州这个喧闹繁华的文明中心，治学同时也作诗文，学问自然偏于活泼。惠栋作为汉学元祖，虽对《易经》《尚书》深有研究，却未能抛开诗文。治学之余，他还为大诗人王渔洋的诗文作注，聊以消遣。所以，吴派的治学态度可谓玩乐之余，悠闲治学，一开始并不确立法则，而是每有成果，再在此基础上更进一步研究。皖派则相对规范些，开始时便确立目标，按照既定法则开展研究。这种情况，法则错了会很麻烦，所以皖派治学会尽可能在一开始就确立正确的法则，依照既定法则开展研究。以上就是清朝汉学的两大派别，可谓清朝汉学的特色。而清朝汉学特色中的特色，当数戴震。戴震一派当中，段玉裁、王念孙在小学研究上造诣颇深。金榜、程瑶田、凌廷堪、三胡亦受其影响，心向礼学。这些人共同为清朝的汉学奠定了坚实的基础。也就是说，吴派和皖派是清朝汉学的两大根基。

这里还列了个"北学"。北学是我自己取的名，也可以有别的叫法。由于这些人大多来自北方，所以我命名为北学。其中，张之洞虽是后来之人，不属于这个时代，但他的思想承袭北学一派，所以也在列。北学的主要代表人物是朱筠和纪昀等。朱筠虽然没有留下什么特别的著述，但他对文人学者关怀备至，可谓清朝汉学的保护人。他还曾向皇帝进言，力倡汉学，并提议编纂《四库全书》。总之，汉学得以兴盛，朱筠有提倡扶植之功。朱筠是北京人，巧的是，北京附近的河间地区还有一个倡导汉学之人。此人就是纪昀，是有清一代的大学问家。朱筠提议编修的《四库全书》实际就由纪昀完成。纪昀还为这部荟萃中国典籍的鸿篇巨

第 4 讲 经学

制编写了《四库全书总目提要》。虽然众多学者参与其中,但纪昀作为总纂修官,事必躬亲,修改润色了所有底稿。所以,可以说朱筠发起之事实际是由纪昀完成的。纪昀编写的《四库全书总目提要》处处体现着汉学精神,百般抨击宋学,无处不对汉学偏袒庇护,多有失偏颇。因此,这部典籍总目可以说是为尊崇汉学而编。出生于北方直隶的还有一人,就是张之洞。张之洞虽然没有特别的经学著述,但他授人方针、劝人治学这点,与朱筠、纪昀二人颇有相似之处。所以,虽然时代相隔很远,我也把张之洞列入其中。综上所述,北学一派虽然在奠定汉学的基础上没有太大作为,却有将汉学传播于世的功绩。

纪昀

接下来我们说说"扬州学派"。扬州学派的主要代表人物有汪中、刘台拱、阮元、焦循、刘实楠、刘文淇、江藩等人。清朝时期,扬州盐商云集,一度极尽繁华。盐在中国十分重要,主要产于淮南、淮北,两淮地区是中国最大的盐产地。中国虽然实行盐业官营,但也允许商人承办经营。在中国,农民很少能发大财。尤其在清朝时,巨富多是盐商出身。这些盐商在扬州修造邸宅,生活极尽奢侈。扬州的学问就产生于这种奢靡的社会风气之中。扬州学派的学者寒窗苦读、钻研经学的同时，也倾心于诗词文学。譬如"纲目"中列在第一位的汪中，不仅经学一流，文章也属一流。至于他在文坛的地位，我们下次再讲。总之，能在经学和文学上同时跻身名家之列的，恐怕只有扬州人了。再譬如，焦循既是经学家，也研究词曲。词曲虽不至庸俗下流，却是一种产生于市井坊间、风月场所的学问。焦循对这种学问很有研究。整体而言，扬州学派的学问都有这种特点。列在最后的江藩也是如此，既研究汉学，也从事文学。而且江藩的文学极具清代特色。何为清代特色的文学呢？我们幼时诵读的唐宋八大家之文，经宋、明时期的发展达到鼎盛；但清朝时，反对唐宋八家的风气渐兴。江藩就曾极力批判唐宋八家之文。较之江藩，声名更为世人所知的是阮元。阮元和北方的朱筠一样，也是文人学者的保护人。阮元以及后来的毕沅都曾不遗余力地提携帮助当时的学者，将他们招至门下编纂书籍。闭门穷经的汉学家从这时起变得活跃起来，汉学渐生高调活泼治学之势。阮元就是其中的代表人物之一。阮元生于富贵人家，早年及第，又深得皇帝赏识，早早便成为一代大家。他少年得志，官运亨通，一直活到八十多岁，可谓一生得意。或许是扬州一带的风气使然，也或许是生平境遇使然，阮元一改此前汉学家埋头故纸堆的治学风貌，开始大张旗鼓地研究学问。总之，如同阮元一般，积极从政之余，也钻研经学文章，做起学问张扬活泼，可谓扬州汉学的一大特点。而这也是它后来受到宋学批判的一大原因。

　　再下边的"闽学"是指福建一带学者形成的学派。杰出代表人物不过陈寿祺、陈乔枞两人，影响不是很大。

　　其次是"浙东学派"。浙东学派起初研究小学，后来渐渐转向史学。章学诚对经学有诸多论断，见解独特。他主张从其他角度研究经学，而不是以经学经。章学诚从史学看经学的做法其实是立足于学问之根底，大处着眼，不拘细节。他著有《文史通义》一书，十分有名。章学诚的著作我是很佩服的，也常常推荐给别人去读。此人可谓不世出之学问奇才，他的学问也很难后继有人。至于章学诚学问的渊源，说来话长，这里就略去不提了。总体而言，浙东学派就是以史学之见来研治经学。

再下来是"常州之学"。常州学派后来得到了大发展。此前，汉学主要分为以惠氏为首的吴派和以戴震为首的皖派。后来，常州学派大有取而代之的势头。常州学派的始创人是庄存与，之后又陆续出现许多学者，使公羊之学日益盛行。与戴震相比，公羊学派做起学问来规则更严苛。戴震以前的汉学十分笼统，只将汉朝分为前汉与后汉，或称西汉与东汉。吴派与皖派都复东汉之古，或以许慎的《说文解字》为中心研究小学，或研究郑玄经学，谓为"许郑之学"。而常州学派则反其道而行之，反对东汉之学，尊崇西汉之学，认为治学本该上溯西汉。西汉中期汉武帝时，学术发展进入全盛时期，公羊之学十分盛行。《春秋》共有三传——《左氏传》《公羊传》和《穀梁传》。公羊学派认为，《左氏传》与《穀梁传》都是伪作，只有《公羊传》才是真正的学问。孔子作《春秋》，意在于书中以君王、皇帝自居。因此，孔子其实是以无冕之王，行皇帝之事，以一部《春秋》治国平天下。这种思想在西汉时期十分盛行。公羊学派的主张就是要研究这种西汉之学。虽然其中还有许多别的学问，但常州学派认为，西汉之学比许郑之学更得孔子真传。常州学派始于庄存与，兴于刘逢禄。刘逢禄是个头脑缜密之人，对事物见解独到，十分聪敏。他只凭自己的判断来做学问，对朴学派多有厌弃。全盛期一过，出现一众怪人，不过其中也不乏天才。这些人认为，终日闭门家中，伏案考究细枝末节未免太过烦琐。其中有个奇才，名为龚自珍。之前说过的皖派的段玉裁——戴震学派屈指可数的学者——就是龚自珍的外祖父。但龚自珍这个狂傲不羁的天才并未承其所学。龚自珍自己并未留下什么著述，但他大力提倡公羊之学，使公羊之学日渐盛行，以至今天中国的年轻学者竟无人不受公羊学影响。不过，今天学者所受公羊学的影响，大多来自久居日本的康有为。康有为的学问源自现居湖南的一位八十岁老人——王闿运。王闿运门下有个弟子名为廖平，现居四川。廖平生性古怪，孤僻乖戾，虽治学思路诡异多变，但学问功底十分深厚。康有为虽非廖平的门下弟子，却被其诡异多变的学说深深折服。他的著述中到处采用廖平之说，几乎可谓为剽窃。由于廖平深居四川山中，不问世事，康有为又广收门徒，所以近年来康有为的学问大为盛行。但其实那些都是廖平之说。

总之，如今的中国年轻学者无人不受公羊之学影响。其中，也有人本着朴学精神，默默无闻地研究公羊之学。譬如下边的皮锡瑞。此外，

康有为

这里列出的戴望①曾以公羊学思想注训《论语》。虽然公羊学者都是些古怪天才，但公羊之学在今天却十分盛行。六七十年前，汉学是吴派、皖派的天下。而六七十年后的今天，公羊之学几乎居于汉学的统治地位。这就是汉学发展的大体情形。

此外，公羊学者还有一个与扬州学派十分相似的特点——大多公羊学者治经之余也通晓文学。譬如，庄存与曾著有《春秋正辞》一书，极具文学价值。公羊学派的这一倾向在那时已稍有显露；后来更有龚自珍、魏源等人成为中国历史上屈指可数的大文豪；如今又有康有为等杰出的擅长诗文的文学家。因此，虽然经学方面，扬州学派与吴派更接近，但这一点上公羊学派与扬州学派是很相似的。

三、晚清的大家　附清朝中叶以后的宋学

以下是清朝末年的一些大家。列在最开始的是俞樾，也就是大名鼎鼎的俞曲园。俞曲园的学问兼采高邮王氏之学以及公羊之学。孙诒让对《周礼》的研究两百年来无人望其项背。黄以周以礼学会通诸经，从宏观上研究礼学，也留下了不朽的著作。郑珍生于贵州，而贵州是中国的偏远地区，可见随着文明的发展，偏远地区也渐有大家出现。总之，清朝末年，礼学研究十分盛行。

其次是吴大澂。这里写的"小学之新派"是什么意思呢？以往的小学，言字形者以《说文》为宗，言音韵者像顾炎武一样上追《唐韵》，言训诂者研究《尔雅》《广雅》。吴大澂却以新兴的金文研究来治小学。所谓金文就是铸造在青铜器上的铭文。清朝以来，大量古代遗物出土了。吴大澂对此十分关注，并以出土物上的文字考辨古籍文本之正讹。也就是说，小学的研究对象从先人著作变成了出土古物。现今住在京都的罗

---

① 戴望（1837—1873），字子高，浙江德清人，今文经学家。主要著作有《论语注》《管子校正》《颜氏学记》《谪麐堂遗集》等。——译者注

振玉也是这方面的大家。虽然这种研究并非始于吴大澂一人，但吴大澂的研究做得极好，引起世人广泛关注。因此就把他作为代表列在了此处。

再下边是陈澧。说起陈澧，就得说回此前的宋学。随着汉学日渐兴盛，宋学一度归于沉寂。但待汉学发展达到鼎盛时，宋学又再度回到人们的视野。当时有个叫姚鼐的人，文章写得极好，同时也是一名经学家。虽然姚鼐的文章名气很大，但他在编修《四库全书》时却不甚得意。姚鼐治经并不独尊宋学。当时唐宋八大家中尤以曾南丰的文章备受推崇。所以姚鼐是在接触古文的过程中，才开始研究程朱理学的。姚鼐一生未有关于汉学的著述，但后来的方东树著有《汉学商兑》一书，对汉学家大加贬损。方东树是古文大家，也是宋学的积极辩护人，对汉学家的诸多行径心存不满，书中不仅贬损其经学，还贬损其文学。方东树言辞过激，也与此前阮元和江藩对古文的攻击有关。总之，方东树不仅批判汉学，还批判汉学家做的文章。宋学因方东树等人的影响，虽然呈现几分抬头之势，但远不至兴盛。道光年间，湖南人唐鉴、蒙古旗人倭仁等在北京一带大力提倡恢复宋学。他们认为，汉学家治学追究细枝末节，如同用显微镜观之，难得其大义；欲知学问大义，就必须研究宋学，也就是程朱理学。从湖南来到北方的曾国藩对此种观点深以为是。罗泽南等人也深受其影响。当时正值咸丰年间，长毛之乱正甚。曾国藩、罗泽南等人更多将宋学用于修身，而非治学，因此学问方面并未取得太大发展。总之清朝中期，汉学鼎盛，宋学式微，但后来宋学又因这些人一度复兴。

接下来我们说说来自广东乡下的陈澧。陈澧力排汉宋门户之见，主张汉宋兼采，撰有著名的《东塾读书记》。虽出身乡野，他的学问却对后世产生了重大影响。譬如，张之洞等人十分钦佩他的学问，对他称赞有加。清朝末年，汉学的全盛期一过，余下的便只有陈澧与公羊学派的学问。当然，陈澧早舍弃了宋学家讲学空论的那套做法，只是兼采宋学

曾国藩

家的学说而已。也就是说，清末的学问是汉宋兼采的学问和公羊学派的极端学问。今天中国学者也大多承袭这两个派系。至此，清朝学问的主要纲目就出来了。此派治学不尚空谈，讲求实事求是，研究近于汉学，因此仍属旧学。

四、宋学别派

此外，近年来常被人们提及的还有颜元、李塨之学。明朝末年，清军攻入长城，颜元的父亲被俘。入清以后，颜元曾只身前往辽东，寻找父亲的下落。颜元以明朝末路为鉴，认为汉人之所以在满人面前不堪一击，都是宋学务虚不务实的学风使然，因而主张以实代虚，研究宋学。王源以后，颜元、李塨之学基本绝传。直到近年治公羊学的戴望广求颜李著作，颜元、李塨之学方又复兴，得以重现生机。颜元、李塨愤慨中国之不敌外邦，皆因外邦采用兵农合一之制，因此主张兵农合一，寓兵以农。

与此类似的还有一个名为刘献廷的人。除以上主张以外，刘献廷还提倡做学问必须广泛涉猎，汇通诸学，志趣宏大博远。可惜他的学问一代而绝，也未留下什么著述，只能通过他所撰的《广阳杂记》一书窥其梗概。刘献廷不仅治学志趣宏远，而且和颜元、李塨一样注重实践，对时事形势颇富远见卓识。以上是颜元、李塨、刘献廷一派的学问。

还有一位胡承诺。胡承诺虽出身宋学，却远离宋学的空谈义理，注重实学。只是他的著作多被遗忘，直到七八年前，在擅长古文的李兆洛的提倡下，才得以复兴。如今，他也有了一众追随者。

还有一件不可思议的事情，就是乾隆年间以后，清朝研究佛学的风气盛极一时。罗有高、汪缙、彭绍升、杨文会等人都属此派。彭绍升至杨文会之间，研究佛教者多为公羊学者。之前说过的龚自珍、魏源、俞樾等人也都研究佛学。彭绍升以前，佛学研究承自明朝高僧云栖。云栖虽属净土宗，却主张融净土和华严于一体。近年来又有夏曾佑等人的研究。再到后来的章炳麟时，研究就更广泛了。有人研究天台，有人研究华严。总之，儒家学者纷纷开始研究佛学，可谓一大奇观。虽然中国历史上也有儒家学者研究佛教，但他们研究的主要都是禅学，而这时天台、华严也都开始流行。虽然也有人研究禅学，但不同于宋明时期的是，这时的禅学主张通过钻研经籍来做研究。因此，龚自珍等人的禅学研究与明朝时期并不相同。虽然这些别派中也有公羊学者，但整体仍属宋学别派。以上就是清朝主流学问以外的一些其他学问。

校勘学

再下边是"校勘学"和"金石学"。这些学问的发展对清代经学，甚至对清代所有学问都有奠基之功，因此我认为有必要讲讲。

所谓校勘学，就是对书本进行校对勘正的学问。古代典籍在流传过程中，难免会出现文字讹误，因此便产生了比照古本、勘正错误的校勘学。我在"纲目"中加了一些简单注解，大家一看便能知其大概。校勘学在清朝风行一时。朱筠曾倡议编修《四库全书》，这在之前也讲过。因此，朱筠自己虽不做校勘，却可以说是校勘学的发起人。纪昀负责编写《四库全书总目提要》，甄别典籍之好坏，也是校勘学的大家。

自古以来，学问繁荣之际，学界都会掀起研究经书文本的热潮。而经书又多有文字谬误。因此，自汉朝起，为了防止讹误流传，经书便被刊刻于碑石之上，立于太学门前。自此，石经问世。这些石经校勘严谨，其中的部分文字一直保存至今。只是古代拓本大多散佚，如今留下的只是一些残片。近来，赞岐[①]的大西见山[②]得到一套宋代拓本。这套宋代

[①] 日本香川县旧称。——译者注
[②] 疑为大西行礼（1870—？），日本政治家、实业家、藏书家，四国财界要员。——译者注

拓本是日本首次出现的珍贵拓本。中国的石经研究十分盛行。汉、魏、唐、五代后蜀以及南宋都刻有石经；乾隆帝认为清朝也应刊刻石经，便有了乾隆十三经。由于乾隆十三经是新近刊刻的，无论何处也不见其拓本，所以很遗憾不能给大家一睹真容。这是我的疏忽。本想着这些石经就在北京，随时能够看到，就没将它拓印下来，导致今天无法展示给大家。刊刻这部石经时，彭元瑞奉乾隆帝之命负责考订经文。因为一些很滑稽的理由，有人对彭元瑞的考订提出异议，并加以磨毁。此人就是深受乾隆帝宠爱，后被嘉庆帝赐死的和珅。富冈谦藏手上还有当时和珅找人撰写的攻击彭元瑞的文章，这可是难得的材料。当时奉命抄写石经的是书法家蒋衡。田中文求堂[①]藏有蒋衡的书作，今天也陈列在展室。至于汉代刊刻的石经始祖《熹平石经》拓本，我也向大西见山借了出来，放在展室了。

　　清代校勘学之端绪自此而启。由于身处太平盛世，为官再高也难建功立业，毕沅、阮元便广招学者校订经籍，以图名声。而这也为清代校勘学的发展奠定了基础。此外，还有很多个人的不懈努力。譬如，庐文弨在校勘方面成就斐然，对清代校勘学有奠基之功。再有顾千里等人，虽然才华出众，但由于出身贫寒，未能及第，常常寄食于他人门下，以为他人校订古籍、编写书稿谋生，留下不朽功绩。再后面的黄丕烈、秦恩复、张敦仁等人都是校勘名家，顾千里也曾在他们门下做过食客，助其校刻书籍。陈鱣著有精良的《论语》校勘本。严可均和顾千里一样，也是一名食客。孙星衍既为他人校勘，自己也有著述。曾国藩的幕僚莫友芝名气很大。他曾得到一本《说文》的唐写本，将其出版。前些年我

[①] 日本一家专卖汉籍的书店，1861年开业，1954年关闭，在日本研究中国学问的学者当中颇具影响力。店主田中庆太郎（1880—1951）毕业于东京外国语大学中文系，广购汉籍，与中国学界联系密切。——译者注

和珅

在端方①那里看过实物，确实十分精良。近来，陆心源等人在校勘方面的成就也很多。他的儿子后来将其藏书卖给了日本岩崎氏②。

有趣的是，日本的一些书籍也与清代校勘学有关。荻生徂徕门下有个弟子叫山井鼎③。山井鼎听闻下野的足利学校藏有古经书，就长年待

端方

① 端方（1861—1911），字午桥，号陶斋，满洲正白旗人，清末大臣，立宪运动的主要领导人，大收藏家。著有《陶斋吉金录》等。——译者注
② 明治中期，岩崎弥之助开始筹建收藏中日古籍的图书馆。1924年，岩崎小弥太继承父亲遗志，建成静嘉堂文库。静嘉堂文库藏书共二十万册。十二万册汉文古籍当中，尤以清末学者陆心源的五万册旧藏书有名。——译者注
③ 山井鼎（1690—1728），字君彝，号昆仑，通称善六，日本江户中期儒学家、汉学家，师从伊藤仁斋、荻生徂徕等，从事校勘，留下名作《七经孟子考文补遗》。——译者注

在那里校订诸经，最终写出《七经孟子考文补遗》。山井鼎的同窗根本武夷①也一同前往足利学校，校定刻印了皇侃②《论语义疏》。这两本书传到中国以后，引起中国学界很大震动。中国人虽听闻有些善本传到了日本，但没想到日本竟有皇侃《论语义疏》这么古老的经书，并有人对此进行了研究。因此，《七经孟子考文补遗》和皇侃《论语义疏》极大刺激了中国的校勘学。此外，早前传到日本的还有《古文孝经》《今文孝经》等。但对中国校勘学有奠基之功、引起中国学界极大震动的还数《七经孟子考文补遗》和皇侃《论语义疏》。后来，林述齐编录《佚存丛书》，收集中国久已失散但在日本保留下来的书籍，并以活字刻印使其重现于世。《佚存丛书》回传中国后，也引起了中国学者的广泛关注。因此，日本校勘学为中国校勘学的发展立下了很大功劳。

中国历来有藏书、刻书之风。到清朝时，这种风气尤盛。这里我只列举了一些主要代表。这些名人收藏或翻刻之书，对清代校勘学的发展起了极大的推动作用。得益于此，清朝学者便依据正确无误、未经改动的古本开展研究，治学也都研读原本，不去轻信随意改动过的文本。以上就是清朝校勘学的大体情形。

金石学

下面我们说说金石学。所谓金，是指青铜器铭文的研究；石则指石刻碑碣的研究。我们之前提过的吴大澂就以金石学开创了小学新派。清朝最早关注金石学的是清学开山之祖顾炎武。顾炎武撰有《金石文字记》一书，主张金石研究对经学和历史大有裨益。金石学之渊源虽然可以追

---

① 根本武夷（1699—1764），名逊志，字伯修，号武夷山人，日本江户中期儒学家，师从荻生徂徕学古文辞，亦有志于诗文，曾校定《论语义疏》，著有《镰仓风雅集》等。——译者注
② 皇侃（488—545），中国南北朝时期梁朝学者。梁武帝年间，任国子助教。他广泛收罗旧注，作有许多义疏，譬如《论语义疏》《礼记义疏》。——译者注

溯至更早时期，但清代顾炎武对它尤为提倡。自此，人们开始依据铭文或碑文勘正典籍讹误，为金石学的发展奠定了扎实的基础。翁方纲热衷金石之学，对碑文逐字研究，不肯放过任何一处错误。王昶收集历代碑刻铭文，将其编纂成书。黄易遍访汉代石刻，并作拓本。阮元幕下的朱为弼、赵魏等人致力于编纂铭文。后来又有张廷济、刘喜海、张燕昌、翟云升等人出现。到近来陈介祺、徐同柏、吴式芬时，金石之学尤其是铭文研究大有进步。陈介祺、徐同柏、吴式芬之前，青铜器的鉴定尚不发达。乾隆帝时著名的《西清古鉴》一书虽然水准很高，却也难免混淆真伪。陈介祺、徐同柏、吴式芬时，器物辨伪、铭文考证风靡一时。后来又有吴大澂和如今仍然健在的刘心源等人加入其中。我的朋友罗振玉也是金石学的名家之一。端方虽不做学问，却对青铜器兴趣颇浓，有为学者提供研究材料之功。端方是政治家，也很有学问。总之，中国的金石学研究对经学和历史学都产生了很大影响。

再下边的倪模、初尚龄、鲍康、李佐贤四人都是古泉学家。古泉学是金石学的一个分支。虽与经学研究没有太大关系，但古泉学对历史研究大有裨益，在陈介祺时大为盛行。这些人都留下了十分优秀的著作。

此外，金石学近年来又延伸出了许多分支，譬如古印学、玺印学等。玺印学经过演变，又有了封泥学。西方人在信封上封蜡；中国古代则用绳子卷好信，在绳结处用粘土压住盖上印记，称为"封泥"。由于近年来封泥大量出土，封泥研究也盛行起来。中国人起初并不认识这些出土物，后来才知道是封泥。

另外，近年兴起的还有罗振玉等人的殷墟甲骨学。中国古代经常利用龟甲兽骨进行占卜，甲骨文就是刻在上面的文字。这是金石学中最古老的东西，距今已有三千年的历史。1902年我去中国时，还看到了1901年左右发现的甲骨。那些甲骨是在修铁路进行挖掘时发现的。近年来，罗振玉写了很多相关著述。甲骨学几乎成了他的独家学问。金石

第 4 讲 经学

学延伸至甲骨学,可见其枝叶之广。而这些枝叶在学术上又各有贡献。譬如之前说到的,吴大澂研究金文开创了小学新派;再譬如随着古代器物与甲骨一同出土,礼学研究愈发盛行。总之,即使在今天,中国学问仍然有很大发展空间。

以上就是中国汉学的大致情形。虽然还有很多别的学派,但清朝的学问以汉学为主。整体看来,汉学历经变迁,今后仍有很大的发展空间。当然,这也取决于中国今后的国势。这些学问传到日本,在日本更盛行

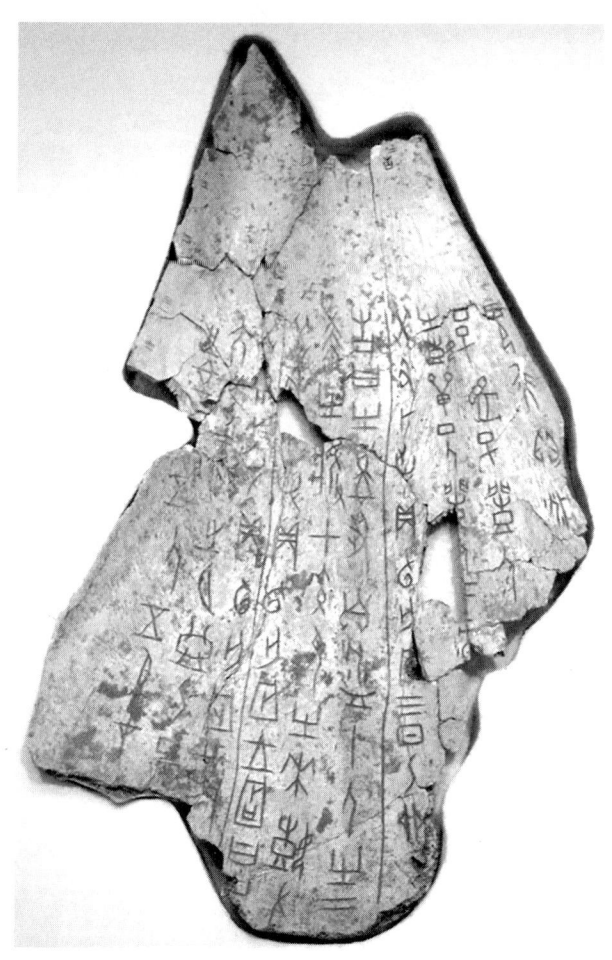

殷墟出土的甲骨文

也未可知。一切还不能断言。总之，清朝学问之繁荣在中国可谓前所未有，学问真正具备学术性也可谓前所未有。这是了解清朝文化非常重要的方面，因此我用了一天时间来讲。今天的演讲就到这里。

第5讲 史学及文学

史 学

今天我们讲清朝的史学和文学。

清朝学术当中,史学的发达程度仅次于经学。中国典籍一般分为经、史、子、集四类。经指经学,史指历史,子指荀子、墨子等诸子百家之学,集指文集、诗集等文学方面的著作。其中,集部属于文学范畴,与其他学问有所不同;子部,即诸子百家的研究,在清朝时期未有很大发展。随着经学的基础学问不断发展,人们开始将诸子学视为经学的附庸进行研究。诸子典籍是与经书同时代的产物,或者稍晚于经书出现,成书年代与经书最接近。因此,对治经之人而言,研究诸子典籍的语言文字是很有必要的。经书中意义不明的文字,或许能在诸子典籍中解读出来;而经书中缺佚的内容,也可用诸子典籍补入。如此,诸子研究便开展起来了。其中,以诸子补充诸经佚文的研究——譬如,经书虽无尧舜时期的详细记载,诸子典籍却有记述——诸如此种的补佚实际并未取得太大进展。但之前说过的出于解经需要对诸子语言进行研究的小学却取得了长足的进步。譬如,此前讲过高邮王氏之学。王氏著有《读书杂志》一书。近年又有大家俞樾写下《诸子平议》。这些诸子语言的研究被视为经学的附庸，服务于解经。但近年来，也有人开始从事真正的诸子研究。譬如大名鼎鼎的孙诒让写过一本关于墨子的非常有名的著述《墨子间诂》。现仍健在的王先谦写有一本《荀子集解》。总之，诸子研究在清朝时期发展略微滞后。这与日本的汉学研究有所不同。诸子学在日本发展相对较早。荻生徂徕十分关注诸子研究，著有《读荀子》《读韩非子》等书。荻生徂徕之后也有人继续相关研究。而中国的诸子研究则出现较晚。不过，日本的诸子研究并未有像《墨子间诂》这样的名作，所以虽然起步较早，成就却不足为道。而中国的诸子研究虽然逐渐开展起来，却也只是为了补证诸经。张之洞就抱有这种主张。汉代王充早在《论衡》一书中写道，可以用诸子来补充经书，可惜没有做出太大成绩。总之，诸子的研究范围十分狭窄，史学研究较之更发达。史学研究也是在经学研究的影响下发展起来的。

一、清代史学之祖黄顾二氏

中国起初研究历史，很少把历史当作一门独立的学问来研究。当然，这种研究很早以前还是有的。譬如唐朝、南宋时期，就有很多著名学者像我们理解的那样去研究历史。可自从著名的《通鉴纲目》问世以后，效仿《春秋》褒贬黜陟古人的观念盛行一时。明朝的史学研究无不受其影响，很少有对历史客观正确的研究。

但明末时，经学开山之祖黄宗羲、顾炎武开始提倡史学。黄顾二人分别是浙东学派和浙西学派的创始人。黄宗羲虽然阅历丰富，却未留下有关史学的重要著述。他的门下弟子万斯同则著有《历代史表》，补充历代历史年表中缺漏的部分，书中所承为黄宗羲之学问。浙东学派转入史学的说法，就源自万斯同此举。后来，全祖望也十分关注明末历史，写下许多文章，堪称一名历史学家。此人我们以后还会讲到，他对记述古代水道的水经之学也颇有研究。以上就是先后继承黄宗羲之学的历史学家。

我们再说顾炎武。顾炎武的外甥徐乾学撰有《资治通鉴后编》一书。此书起初只有草稿，近年才得以出版成书。这部书并非由徐乾学一人完成，而是他召集众多学者，合众人之力编撰。而顾炎武的历史编纂思想，在其所著《日知录》中均有体现。《日知录》对查询史料、考辨史实真伪的学问有奠基之功，是一部非常优秀的史学著作。总之，黄宗羲、顾炎武可谓清代史学的开山之祖。

二、正 史

此后，史学渐渐分成很多流派。在此我们有必要先来看看正史。何为正史呢？譬如元、明等朝代灭亡以后，接替它的下一个朝代都会为前朝编史，并以此为史籍之正宗。历史上历朝各代撰写的正史共有二十二部，所以又称为二十二史。二十二史中的最后一部就是清朝撰写的明史。编修明史时，一个新变化出现了。此前修史大多效仿《资治通鉴纲目》体例，对历史人物褒贬黜陟，评判其正邪善恶。明史编修机构明史馆设立之初，经学方面颇有建树的著名学者朱彝尊曾上书明史馆总裁，主张修史不能一味效仿《资治通鉴纲目》，而应有所创见。以前，宋学家、朱子学者修史立传时，学者一般被一分为二，分列《儒林传》和《道学传》。著录学者传记的《儒林传》最早见于《史记》，唐史当中也有设列。但编修宋史时，《儒林传》之外又增设了《道学传》。他们对学者加以区分，将研究朱子学义理空论、偏向哲学的学者列入《道学传》，而将钻研经籍治学之人仿照旧例列入《儒林传》，并自此形成惯例。朱彝尊却标新创异，认为根本无需做此种区分。这到后来还引发了朱子学者与汉学家之间的一场争论。最终，《明史》总纂采用了朱彝尊的意见。《明史》以后，学者传记才又统一列入《儒林传》，舍弃《道学传》。以上就是发生在清初时期的有关朱子学的史学思想之变化。

担任《明史》总纂的人是王鸿绪。经王鸿绪对草稿的整理编纂、修改润色，才有了我们今天所见到的《明史》。现存的王鸿绪《明史稿》中，《史例义》一文阐述了明史的撰修原则以及它所遵循的编纂体例。文中多有反对朱子学说的言论，主张不蹈袭《资治通鉴纲目》旧例的修史方针，呈现出与宋元明以来史学大不相同的面貌。

三、修补旧史

清朝史学在其他方面也取得了很大发展，譬如"纲目"中所列的"修补旧史"和"考证旧史"。其中，修补旧史在明代以前也有，但考证旧史却是在清代才有的。明代有很多修补旧史的著述；清初吴任臣的《十国春秋》、邵远平的《续弘简录》等均在明代历史著述的基础上，进一步弥补缺漏、订正谬误，重新改编旧史。从厉鹗到彭元瑞，清朝修补旧史形成了有别于明代的特有风格。明代人修补旧史时，从不言明自己所用史料是否准确，只是选取自认为可信的材料进行改写。而清朝的风格则是将自己所用材料全部列出，以便他人也能用此材料进行研究，治学更客观公允。《辽史拾遗》一书就将参考《辽史》之处一一摘录列出，供人参考。这就是清朝修补旧史的风格。当然，也不免有人自行判断、改编历史。但整体而言，清朝修补旧史采取公正罗列材料的方针，以方便他人继续研究。这与明代改写旧史的方法大不相同，可谓独具清代风格。不过，也有人另辟蹊径，譬如撰写《晋略》的周济。周济作《晋略》不以考证史实为主，而是将《晋书》当中自认为不合史家笔法之处，按照自己的想法加以改编。周济是清代屈指可数的大文豪，文笔精炼，提倡回归唐前的史书写法。清代修补旧史的学者当中，周济可谓独树一帜。《晋略》这种不证史实、只改史法的做法，几乎只此一家，十分特别。

四、考证旧史

下面我们来看"考证旧史"。旧史的考证在清朝时期尤其发达。王鸣盛、赵翼、钱大昕等人从宏观角度研究历史的著述比较有名。除《十七史商榷》以外，王鸣盛还著有《蛾术篇》，论述经学、历史。除《廿二史劄记》之外，赵翼还著有《陔余丛考》，其大部分内容也在论史。特别是钱大昕的《十驾斋养新录》，可谓开新史学之先河。《十驾斋养新录》效仿清代史学之祖顾炎武的《日知录》体例，论及经学、历史等各种学问。在以"实事求是"著称的学者中，钱大昕治学也称得上严谨缜密。因此，他的大部分研究成果放到当下皆不失水准，其研究方法堪称当代中国历史学者的圭臬。

虽然王鸣盛、赵翼、钱大昕都很有名气，但市面上流传甚广、在日本也有翻刻的赵翼的《廿二史劄记》较之王钱二人的著作却逊色许多。对史学有奠基之功的首推钱大昕。从钱大昕开始，清朝的史学才成为真正意义上的史学。此后，史学研究以实事求是为原则，强调通过旁征博引、多方求证获取历史事实。顾炎武等人依托金石碑文研究历史的主张也开始受到关注。史料的选取尽量倾向最基本、最原始的材料。钱大昕之于清代史学，好比戴震之于经学，是一个不容忘却的人物。后人承袭钱大昕的学术，开展了诸多具体的、局部的研究。

此外，王元启、梁玉绳、洪亮吉等人兼治历史和地理，章宗源研究史志目录，沈钦韩研究《汉书》《后汉书》，吴卓信格外重视《汉书》中《地理志》的研究，张敦仁研究《资治通鉴》，汪士铎研究《南北史》。除此之外，还有很多学者，这里只列举上述主要人物，并将他们的大部分著作展览出来。总之，正是因为这些名家的出现，清朝史学才取得了巨大进步，一改从前动辄褒贬黜陟、空论历史的观念，开启了依据基本史料求证史实、实事求是的研究方式。这是清代史学最显著的特点。

五、地 理

随着历史研究的展开，人们也开始研究地理。地理研究早在此前就有人陆续在做。譬如，"纲目"中列举的顾祖禹的《读史方舆纪要》就是记述中国历史地理的著作。即使放在今天，历史地理学也是历史学中一门很不成熟的学问，而顾祖禹的《读史方舆纪要》作为立足政治的历史地理著作，其研究可谓系统而全面。书中首先分述各地形势，引征各种文献资料，考订古代地名、现今地名；其次分省记述，譬如山东省、河南省……各省都写有一篇通论，论述其政治形势；最后再从整体上总结中国历代地理的沿革变迁。因此，《读史方舆纪要》既有分论，也有综述。这种中国式的研究虽不合西方范式，却是系统而全面的。《读史方舆纪要》对今天历史地理学的发展功不可没，堪称是一部伟大的著作。我们从《读史方舆纪要》中也获益颇丰。与此同时，阎若璩、胡渭等人依托经学研究历史地理。顾炎武的外甥徐乾学编修《一统志》时，以上这些人都应邀参加。不过，这些研究并非为编修《一统志》而做。历史地理学早在那时就显露兴盛之兆。顾祖禹等人的研究也已取得显著成果。不过，顾祖禹等人受徐乾学之邀编纂《一统志》，得以博览群书，研究因此才取得更大进展。总之，在康熙年间，徐乾学等人对学者有提携和扶持之功，这一点是值得注意的。

齐召南撰写的《水道提纲》是一部非常特别的著作。《水道提纲》不考论古代地理，而是记述当代地理。令人不可思议的是，《水道提纲》与第三讲提到的西方传教士所绘地图颇有渊源。传教士所绘地图中的水道，也就是水路、河道，与齐召南《水道提纲》中的记载完全一致。由此可见，齐召南的《水道提纲》其实是依据传教士测绘结果的汉语文本写成。后来，道光年间鸦片战争爆发，中国人开始研究海外地理，新地理学自此兴起。譬如，昨天提到的魏源就写有一本《海国图志》。

总之，海外地理的研究日盛。近来，一个叫邹代钧的人曾前往海外。他主张以西法研究地理学。新地理学虽然逐步取得一定发展，但仍然远不够发达。

六、塞外史学和地理

之前说过，钱大昕在清代的历史研究中占有重要地位。自钱大昕以来，塞外史学、西北地理学发展十分迅速。所谓塞外史学、西北地理学，就是对蒙古等地的研究。钱大昕读《元史》后，认为《元史》是二十二史中最粗劣的史书，于是心生重编元史之念，开始研究元史。钱大昕发现了一本用蒙古语写的记述成吉思汗和窝阔台汗两代事迹的《元朝秘史》，便据此研究元史，并最终写成百卷《元史稿》。《元史稿》如今是否保存完好，这点尚不可知。总之，钱大昕此举对中国历史学的发展产生了巨大影响。元史也被称为蒙古历史。蒙古历史的研究和蒙古地理的研究相得益彰，共同将清代史学推向了高峰。

除钱大昕之外，也有人出于政治方面的实际需求研究西北地区。譬如祁韵士所著《皇朝藩部要略》。《皇朝藩部要略》记述了清朝建立以来蒙古藩部诸事，是一部难得的佳作。遗憾的是，《皇朝藩部要略》的草稿还未完成，祁韵士就离世了。后来，经其同乡张穆之手，《皇朝藩部要略》才得以完稿成书。张穆也对蒙古之事兴趣颇浓。他本想写一部关于蒙古历史地理的书，却也在即将完稿时与世长辞。后来，何秋涛继承张穆的遗志，完成此书。何秋涛的《朔方备乘》是皇帝御赐的书名。只是今天的《朔方备乘》大部分经人改动，已不足为信。《朔方备乘》原名为《北徼汇编》，是一部论述中俄边境问题、涉及西北地理的著述。

上述这些人的研究使蒙古之事渐为人知，也让中国的西北地理学取得长足发展。无论是张穆还是何秋涛，都十分钦佩钱大昕的学问。他们继钱大昕之后，对记述成吉思汗事迹的《皇元圣武亲征录》做了进一步的研究。而后又有洪钧出使西方，根据西方材料研究元史，写下了《元史译文证补》。此外，辞世已十年有余的文廷式与今仍健在的沈曾植虽然没有留下著述，却也潜心研究元史。沈曾植手中存有一本未完成的《元史译文证补》草稿。近来，屠寄写了一本《蒙兀儿史记》，柯劭忞写了一本《新元史》。

与此同时，松筠开始实地考察蒙古、新疆、西藏等西北地区，并根据这些考察结果开展研究。松筠是蒙古人，曾屡次被任命为西北地区的大官。他对历史很感兴趣，相关著述也很丰富，对徐松等人影响颇深。徐松为官时，由于一些过错，曾被流放到伊犁。流放期间，徐松通过对当地的实地考察，做出很多研究成果。在此期间，魏源等人也已出现。魏源等人主张将国内研究与海外研究综合并举。总之，清代的历史地理学成为清代史学当中成就斐然、相对突出的一部分，这一点是需要重视的。

七、郦 学

接下来我们看郦学。《水经注》是一部中国古代记述河道情况的名著。清代研究《水经注》始于全祖望。戴震和赵一清等人后来也研究了《水经注》，他们的门下弟子纷纷指责他人抄袭，掀起一场诸如赵一清剽窃戴震学说或者戴震剽窃赵一清学说之类的争论。总之，《水经注》的研究因戴震和赵一清等人进展巨大。后来，董祐诚、陈澧等人也从事相关研究。最近去世的杨守敬可谓此前研究《水经注》的集大成者，虽然他的书稿尚未出版，但他的研究已然大成。

八、古代地方志

除研究地理以外，清代还研究古代地方志。毕沅所著《关中胜迹图志》是关于古都的研究。李兆洛的《李氏五种》为查考古代地名的现今所在地构建了一套方法。六严①是李兆洛的门下弟子。杨守敬承六严余绪，集以往地方志研究之大成。

九、古 史

清代也有人专治古代历史，譬如康熙年间的马骕。马骕因精研上古三代历史，被称为"马三代"。后来，满洲人李锴继承了马骕的研究。李锴原籍朝鲜，是曾经征伐日本的名将李如松的后人，撰有《尚史》。除了马骕、李锴，研究古代历史的还有林春溥、陈逢衡、崔述、程恩泽等人。

十、掌 故

除上述研究以外，清代还有掌故之学。不过掌故学并非清代独有的学问。所谓掌故学，就是研究官府典例故实之学。明朝时期，基于坊间传闻编写的历史在市面上十分流行，大有混淆真实历史之势。清朝几乎没有野史，代之而起的是更确实的掌故学。掌故学这种关于官府故实的学问，不像野史一般基于未经考证的传闻而作，所引皆为确切可考的材料。这也是清代史学思想比明代更进步的一个体现。掌故学方面的著名学者已在"纲目"中列出，其中盛昱、文廷式虽然没有留下著作，却都十分精通典例故实之学。

十一、经 济

经济学算是历史学的附属学问。中国通常把经济学归入历史学中，作为政策论研究。我们先看"纲目"中列在最开始的包世臣的《安吴四

---

① 六严，字德只，清代历史学家、地理学家、天文学家，著有《清内府舆地图缩摹本》《纪元编》《历代地理沿革图》《历代地理志韵编今释》等。——译者注

种》。包世臣在《安吴四种》中就治理黄河提出了非常独到的见解，还就中国利用运河调运粮食一事阐述了自己的看法。可以说，包世臣复兴了顾炎武以来久已湮灭的经世实学。此外，魏源助贺长龄编撰《皇朝经世文编》。《皇朝经世文编》分门别类地辑录了大量文献资料，是一本了解清代经世政策的必备之书。我们从《皇朝经世文编》中也获益颇多。龚自珍、俞正燮等人也有部分著述论及经济学。蓝鼎元撰有关于台湾的著作。陶澍著书论述对中国影响重大的盐务。那时的苗人和台湾生蕃很相似，严如熤于是研究苗防之事，为防苗御苗出谋划策。冯桂芬可谓中国最早呼吁改革的先驱人物。他在著作《校邠庐抗议》中就中国的诸多问题提出了很多见解深刻的经世之策，对中国今天的经世思想影响重大。近来康有为等人的改革思想都出自他的主张。总之，冯桂芬是个值得关注的人物。张之洞等人近年来也写了许多著述，阐述经世致用的思想。

以上就是清朝史学的大致情况，其中有自古就有的学问，也有新发展起来的学问。新发展起来的学问有旧史的考证和西北历史地理等。古代地方志的学问中也有一些新内容。掌故学虽然以前也有，但在清朝时期格外兴盛。

十二、史 法

关于历史整体的研究，还需注意史法之学。史法研究始于唐初刘知几的《史通》。《史通》是一部关于历史编纂方法的名著。南宋时期，郑樵编著《通志》，留下许多精辟的史论。到清朝时，方苞等人开始讨论文章的作法，主张修史应当效法韩退之的记事之文——需要写的地方如何写，不需要写的地方如何省略——这些都要讲求义法，否则就会文不成文，史不成史。之前说过，章学诚写有一部《文史通义》。《文史通义》使《通志》以后中断的史学理论研究得到复兴，是一部非常有名的史学理论著述，备受中国人推重。近来，张尔田效仿《文史通义》写下《史微》。虽然《史微》无法与《文史通义》相提并论，但这说明《文史通义》尽管不至经久不衰，却也会偶尔被人念及得到复兴。张尔田所著《史微》即使放在今天也颇有与众不同之处，因此特列于此。清代史学的发展情况大体如此。

文　学

一、古　文

下边我们说说清代的文章。"纲目"中最开始列着"古文"，后面还列有"骈体文"。要想了解中国文章的变迁，就必须了解这里的古文和骈体文。"古文"一词在中国不止一个意思。文章中的古文与经学中的古文就大不相同。这里的古文是指文章中的古文。在经学中，古文与今文相对。古文指上古文字，也就是篆书以前的、刻在青铜器上的文字；今文指隶书以后的文字。古文经学与今文经学分别指以古文写的经书之学和以今文写的经书之学。在文章中，古文与时文相对。日本如今说起中国的时文，一般都指中国的诏敕、书信或者奏章。不知这种说法是如何讹传来的，因为诏敕、书信或者奏章在中国并不叫时文。中国的时文是指文官考试中所采用的八股文。八股文从四书五经中取题，要求作文多用对偶，分成八个段落来写。不会这种文体就无法通过科举考试。古文与八股文相对，是唐宋八大家以来广为流传的一种文体。入清以后，除时文以外，人们开始格外关注骈体文。这是清代特有的现象，后边还会讲到。我们先从古文说起。

（一）古文草创期

因袭明朝，清朝在初期时多习唐宋八大家之文。唐宋八大家中，金、元以来苏东坡一家之文尤其盛行。清人创作纷纷效仿唐宋韩退之、苏东坡之文，一时蔚然成风。"纲目"所列的清初三大家中，魏禧和侯方域就属此派。而汪琬作起文来苛求文法，中规中矩，与魏禧、侯方域的风格大不相同。总之，效仿韩退之、苏东坡等唐宋古文是当时的文坛主流。

　　后来，情况有所改变。人们不再一味拘守古文笔法，开始强调学问才是文章之本。譬如，黄宗羲和顾炎武从不刻意追求文采，却自然而然地写得一手好文章。清代后来不少考订古学、文采蔚然的人为文大都效法黄宗羲和顾炎武。因此，可以说黄宗羲和顾炎武奠定了清代特色的文风。朱彝尊和姜宸英等人的文章游走于黄宗羲、顾炎武以及从前的古文派之间，已经极具清代特色。朱彝尊和姜宸英等人的文章笔法和从前效仿韩退之、苏东坡的一派大不相同，强调为文要以学问作为根底。

　　到清朝中期时，袁枚等人出现了。袁枚天纵奇才，既作得了古文，也写得了骈体文，可谓来去自如。我们稍后再讲骈体文。袁枚虽才华横溢，文风自由，但为人轻佻放纵，颇受世人非议。总之，袁枚等人开创了有清一代的文风。但这时的清朝文章初露头角，还未分出很多流派。

（二）古文极盛期

　　古文草创期以后，清代文章才开始分门立派。作古文的有古文派；写骈体文的有骈体文派。我们先说说骈体文。骈体文俗称四六文，因为追求文章美感，多以四字、六字相间成句得名。由于文章全篇多用对偶句，所以又称四六文为骈体文。而古文则是奇句单行，尽量不用对偶。四六文或为四字句，或为六字句，句中字数多为偶数；而古文当中，句子字数多不成偶。清代兴起古文之时，已有人开始作骈体文。"纲目"中"骈体文"项下的"旧派骈体文家"就是那时的骈体文家。也就是说，古文家和骈体文家几乎同时出现，只是由于经学的影响，才有了不同的

苏东坡

发展。当时，治经之人都很反对宋学。而朱子学派的文章大多取法唐宋八大家——尤其是曾南丰的文章。因而朱子学者十分推重古文。汉学家们对朱子学不满，以至对曾南丰等唐宋八大家之文也心生厌恶，处处攻击古文，批判作古文之人根本不懂文为何意。中国古代之"文"只指骈体文——这个极端论断是阮元提出来的。阮元指出，"古人所谓的文笔是两个相对概念。有文采者谓之文；没有文采、只为表意论事则谓之笔。唐宋八大家的文章是笔不是文，真正的文章只有骈体文"。因此，汉学家为文大部分都用骈体。方东树猛烈抨击了此种言论，并积极地为唐宋八大家辩护。总之，古文反对派站出来的同时，古文家们也形成了一个派别，那就是"桐城派"。

桐城派古文的渊源，可以追溯至明代归有光。归有光反对荻生徂徕十分崇尚的明代李王七子①之文，尊奉唐宋八大家尤其是曾南丰之文为文章典范。入清以后，方苞继承归有光的余绪。随后，刘大櫆上承方苞，下启姚鼐。姚鼐因在学术上与汉学分歧严重而抽身汉学，转向古文研究，标举古文旗帜，引来许多当地学子拜入门下。由于此地名叫桐城，故得名桐城派古文。总之，桐城派十分推崇唐宋八大家之文，尤其喜欢师法曾南丰的文章。有些反汉学倾向、独树一帜的桐城派兴起过程中，喜作骈体文的汉学派曾极力贬低古文，其中以阮元最甚，方东树等人挺身应战。后来，桐城派古文分出一支流派——阳湖派古文。阳湖派古文的主要代表人物有恽敬、张惠言、董士锡、李兆洛等。阳湖派是古文派中逐渐向骈体靠拢的一支流派，虽与桐城派同宗，但又有所不同。

与此同时，"崇佛家的古文"一派——这是我自己取的名字——出现了。也就是说，佛教居士当中，也有人习作古文。譬如，"纲目"中列出的罗有高、汪缙、彭绍升等人都研究佛学文章。他们的文章虽然佛教

---

① 明朝时期，由李梦阳、王世贞等为领袖，称为"李王七子"的十四人，标榜"复古"，并且提出"文必秦汉，诗必盛唐"的口号。——译者注

姚鼐

思想平平，文笔却令人佩服。总之，这些人研读佛教典籍，以佛教文章自成一派，虽然流传不是很广，却对后来龚自珍等人的文章产生了极大影响。

再下边的"选体"是骈体四六文中的一种。后来，治古文的人作文时也不时采用选体。包世臣认为，如果通篇都是古文，未免太杂乱无章，索然无味；要想把文章写得韵味十足，光彩照人，大可取法选体。清朝时期，很多治古文的人虽然从古文起步，却慢慢向选体即骈体文靠拢。这种发展路径是清朝特有的现象，在明代少之又少。

以上就是乾隆至道光年间古文的一些发展情况。后来，曾国藩登上了历史舞台。曾国藩不仅是位颇负盛名的政治家，还是有清一代的文章大家。曾国藩的文章最早师承姚鼐的桐城派。在博览群书的过程当中，曾国藩渐感取法曾南丰的桐城派古文有气度狭小之弊，决心广泛涉猎，博采众长。于是，他一改桐城派奉唐宋八大家为圭臬的做法，广泛涉猎经史诸子，最终成了有清一代的古文大家。曾国藩虽师承姚鼐，却融会贯通，自成一派。张裕钊以及最近去世的吴汝纶都是曾国藩的门下弟子，也都是古文名家。此外，薛福成以及曾经出使日本的黎庶昌也是文章大家。这些人取法曾国藩，文风规模宏大，与桐城派迥然不同。曾国藩的友人左宗棠也是千古文章名家。郑珍也是名闻天下的文章大家。这时的古文可谓迎来了它的极盛时期。古文源起桐城派，它不断发展、壮大的这段时期统称为清代古文的全盛期。

二、骈体文以及骈散不分家

接下来我们看骈体文。骈体文在清朝可以分为前期和后期。前期骈体文作家被称为旧派骈体文家。明代也有人写骈体文，只是他们一味追求对偶，导致文章多成俳谐之文。清朝的骈体文作家大多兼治经学，认为文章无需处处强求对偶，而应追求根柢深厚、刚健有力。他们身体力行，强调骈体文创作要效法《文选》，追求庄重典雅，不能戏谑轻佻。古文与骈体文同步发展，并逐步向对方靠拢。之前我们说过，桐城派古文虽然完全取法唐宋八大家，但后来的阳湖派古文已经多少跳出原有范围。再后来，主张为文兼收古文、骈体文两体之长的人愈发打破藩篱；治古文之人也开始创作与骈体文相近的文章。曾国藩一派中的吴汝纶等人尤其如此。吴汝纶虽然最初主张为文应效仿唐宋八大家，但后来开始取法《史记》《汉书》作文。《史记》《汉书》中有很多既非古文也非骈体文的文字。吴汝纶受《史记》《汉书》影响，文章渐向骈体靠拢。骈体文也由起初的俳谐之文转向内涵深重的选体文。如此，骈体文与古文逐渐向彼此靠拢，最终出现骈散不分家的局面。

　　骈散不分家出现在清朝选体文发展的鼎盛时期。汪中等人创作的骈体文从不刻意精工对偶，渊深厚重，文才艳丽，颇具《文选》风采。汪中等人因此成为清朝人公认的有清一代文章大家。但如果让方东树来评说，必是一番贬低之辞。后来，承汪中余绪的有汪士铎以及现仍健在的王闿运等人。王闿运今已八十多岁，居于湖南，是个生来就写得了文章的天才。他所作的文章骈散交融，不落窠臼。此外，谭献等人也工于文章，且主张骈散合一。谭献认为，好文章就应该不拘骈散，穿行其中来去自如。汉魏文章亦是如此，文才艳丽而不失趣味，辞藻绚丽而不浅薄轻佻，是内容与形式的完美统一。谭献的门下弟子袁昶也主张骈散合一。袁昶因 1900 年八国联军侵华战争时向西太后慈禧进谏而被杀。骈散不分家是清朝兴起的最后一种文体。纵览清朝各个时期，最具清朝特色的文章，便是这种骈散不分、合二为一的文体。这些虽是文章之事，却也与经学大有关联，这一点是需要注意的。

　　到了近代，梁启超等人来到日本，看到日本的报纸文章以后，被这种自由自在表达见解的报章文体吸引。文体改革始于来自广东的驻日参赞官黄遵宪，勃兴于康有为时期。到梁启超时，中国的文章竟像是从日文翻译过去的。康有为的文章虽骈散不拘，但不如梁启超的那么新派。梁启超的文章与日本的报章文体已经十分接近，因其实用性强在中国非常流行。不过，是否只是流行一时就不得而知了。文章之事我们先说到这里。

三、诗

接下来我们说诗。清朝的诗歌发展可以追溯至明朝时期。纲目中的李梦阳、何景明工古文辞，诗文遣词造句都摹仿古人。诗歌复古的主张

梁启超

始于此。隆庆年间，王世贞等人主张为文应当效仿经书古籍、诸子百家，写得庄严肃穆。王世贞还提出，诗歌方面应标举盛唐。唐朝分为初唐、盛唐、中唐、晚唐，李太白、杜子美等人就是盛唐时期的诗人。何景明则倾向于取法更早的初唐诗歌。总之，这些人的诗歌多为拟古仿古之作。复古思潮在文坛盛极一时的同时，反对仿古的声音出现了。譬如，钟惺、谭元春、袁宏道猛烈地批判了复古思潮。他们提出，诗歌是个人性情的真实流露，创作本该随心所欲，率性而为。这种诗论虽也流行了一段时间，但在中国毕竟属于极端，最终未能广为流传。明朝末期，陈子龙等人虽然也像此前李梦阳、何景明一样提倡诗歌复古，却不再一味受其拘束。明代令人眼花缭乱的诗文论争终因陈子龙复归于正。

（一）清初大家

清初的诗坛大家有钱谦益、吴伟业等人。他们虽已另立门户，却都深受陈子龙的影响。钱吴二人可谓清代诗歌的开山之祖。顾炎武的诗歌虽然学问根底深厚，水平极高，对后世也并非没有影响，但却不至广为流传。总之，开有清一代诗风的是钱谦益和吴伟业二人。后来，钱谦益的名字渐渐被人遗忘，或者准确地说，是被人抹去的。钱谦益本为明臣，降清以后再次位居高官。虽然位居高官，他却诋毁清朝，屡屡作诗暗示自己并非心甘情愿向清朝夷狄之族臣服，只是明已灭亡，仕清实乃无奈之举。钱谦益此举引得乾隆帝大怒，并将其诗集尽数禁毁。久而久之，钱谦益之名也就被世人遗忘了。多年后，大名鼎鼎的王渔洋继承钱谦益、吴伟业遗风，成为奠基有清一代诗风的大家。此外，龚鼎孳与钱谦益、吴伟业并称江左三大家。再下面的吴兆骞是个诗歌天才。他曾因获罪被流放至满洲，因此他的诗作多与满洲有关。感情充沛的南方诗人来到寒冷荒凉的北方之地，这种经历使吴兆骞的诗别有一番风味。总之，清代诗风的奠基人是钱谦益和吴伟业。

钱谦益

吴伟业

（二）康熙雍正年间的大家名家

再下来的王渔洋也堪称"清诗之祖"。王渔洋的诗风被世人称为"神韵派"或"格调派"。他的诗歌多沿用古代文字，从不随意遣造，读来余韵不绝，备受推崇。有人曾评价王渔洋的诗歌"如华严楼阁，弹指即现"。此话出自《华严经》，原意是弹指之间《华严经》中极乐世界的宫殿楼阁便会现于空中，这里则形容王诗之神韵。总之，王渔洋的诗歌标举神韵，独具一格。但王诗也有一大弊病，那就是用典堆砌。用典虽能显示诗人的学识，但用得过多便有无法自如驾驭，才力薄弱之嫌。施闰章曾批判道，"王渔洋作诗有如施展魔法，一个弹指，便有楼阁现于空中；而自己作诗则好比筑屋，从打地基、立柱子到盖房顶，一砖一瓦，皆由平地起"。总之，人们对王渔洋的诗歌褒贬兼有。王渔洋虽然不似李梦阳、何景明那般拘守盛唐诗风，却也极为推崇唐诗。几乎同一时期或稍晚些时，诗坛还有一位名为查慎行之人。查慎行不喜盛唐艰涩的诗风，而取法白乐天、苏东坡作诗，如此便奠定了他自然流畅的诗歌基调。朱彝尊也是这个时期的诗坛大家。朱彝尊早期作品晦涩严肃，后来则以学问入诗，变得随性自由。以上王渔洋、朱彝尊、查慎行三人均为康熙雍正年间的诗坛大家。

此后，诗坛名家辈出。王渔洋虽被推举为一代诗宗，但也渐渐遭人反对。王渔洋有个亲戚名为赵执信。赵执信曾向王渔洋请教古诗，但王渔洋没有教他。赵执信于是靠着自己摸索作诗，处处贬低攻击王渔洋。这时的诗坛已有柴绍炳、毛先舒等人，号称"西泠十子"。西泠十子在杭州创登楼社，组织诗会活动。广东一带的诗坛名家则有屈大均、梁佩兰等人。以上就是康熙雍正年间诗坛的一些大家名家。

（三）乾隆嘉庆年间的名家

乾隆嘉庆年间的诗歌继承了康熙雍正年间奠定的基本风格。继承王渔洋一派的是大名鼎鼎的沈德潜。沈德潜是个长寿之人，深得乾隆帝宠爱。王渔洋诗派备受沈德潜尊崇，后由王昶传衍其宗派，是为王渔洋之正脉。只是当时诗坛的整体风尚已渐从王渔洋转向别的流派。譬如，颇负盛名的袁枚就曾极力反对王渔洋的诗歌。王渔洋作诗谨遵古法，注重神韵，中规中矩；袁枚作诗却更自由自在，随心所欲。袁枚所代表的就是与格调派针锋相对的"性灵派"。性灵派主张只有直抒胸臆才可谓之为诗，反对泥古不化，墨守陈规。乾嘉三大家就是此处所列的袁枚以及蒋士铨、赵翼。蒋士铨为人认真严谨；袁枚和赵翼却比较极端，其中又数赵翼最极端。赵翼认为，诗歌只要是率性而为，俳谐之作亦无妨。历代大家当中，赵翼最推崇查慎行，也多取法于查慎行。赵翼虽然没有公然反对王渔洋之说，但却尊奉查慎行为诗坛之正统。总之，袁枚旗帜鲜明地反对王渔洋；赵翼则取法查慎行，暗中反对王渔洋。清朝中期，诗坛本就对王渔洋之诗颇为反感，加之这些主张，更成一时风气。

在此前后出现的诗人都列在了"纲目"当中，其中也有不属于袁枚一派的。乾隆至嘉庆年间，随着时间的推移，诗歌不再像乾嘉三大家那么遒劲有力，而是变得清雅婉丽。"纲目"中张问陶、杨芳灿及其之后的诗人都以清雅婉丽的诗风著称。有趣的是，在中国人看来，凡作诗必是心中有所感慨；诗歌贵在吐露内心、真情流露；单纯追求婉丽和技巧并非诗之正道。因此，道光咸丰以后，诗风又发生了变化。

（四）道光咸丰以后的名家

道光咸丰以后，世道动荡不安。诗人受到了极大的刺激。他们发现，那个可以悠然自得吟唱和平之音的年代已经远去。道光咸丰以来的诗人当中，龚自珍狂傲不羁，作诗从来不拘一格。与此同时，魏源、欧阳绍洛、毛贵铭等一众湖南诗人出现了。这些湖南诗人追求生涩瘦硬的诗风。

曾国藩也同属此派。这些人的诗文主张颇具个性，一般被称为"江西诗派"。他们提出，作诗应当先学宋代苏东坡、黄山谷，再至唐代李义山、杜子美。即便没有天分之人，也能照此学会作诗。只要肯下功夫钻研学问，加以勤学苦练，就能学会苏黄之诗，尤其黄山谷之诗。之后便可进一步师法李义山之诗。李义山之诗委婉含蓄、不直不露。再上一层便是杜子美了。不过，大多数人在黄山谷左右便停滞不前了。因为要想达到杜子美的诗歌境界绝非易事，也确实鲜有人能做到。总之，江西诗派主张照此顺序学作古诗。这是道光咸丰以后的情形。再早些时期，诗坛受查慎行等人的影响，力戒乾隆嘉庆年间性灵派的纤佻轻薄之风，提倡以学问入诗。可道光咸丰以后，世事变迁令人们唏嘘感慨。刚健有力、沉重悲壮的诗风渐成主流，直到近日仍是如此。

此后列出的诗人大部分也同属江西诗派。其中，张之洞等人格外推崇江西诗风。"纲目"中写有"乾嘉以后诸家多由苏黄入玉溪生，以窥工部"，其中的玉溪生是指李义山，工部则指杜子美。江西诗派盛行之际，诗风一度发生转变，趋向以学问入诗。如同文章从唐宋八大家表情达意之文转为以学问为根底的骈体文一样，诗歌也渐渐转向以学问入诗，趋于《文选》风格。"近时作家往往宗选体"就是此意。其中，王闿运在效仿选体诗歌方面极具天赋，几乎可以达到乱真的地步。较之王闿运，谭献等人的诗歌风格更隽秀柔美。这些都是近来诗坛上很有影响力的人物。中国凡作诗之人几乎无人不知、无人不晓。

以上就是清朝最后的诗风。清朝的诗歌和文章最终都归向了选体。

四、旗人文学

下面我们稍微讲讲旗人文学。由于清政府鼓励皇亲国戚读书治学，旗人中也出现了大量的诗人学者。嘉庆年间，铁保所编《熙朝雅颂集》就收录了蒙古旗人常安的诗文。常安在作诗为文方面天赋异禀。此外，

第5讲　史学及文学

盛昱还收集旗人文章，编成了《八旗文经》。《八旗文经》中虽有他人代笔之作，但也有旗人自己的创作。满洲人与蒙古人很不一样。精通中国文学的蒙古人甚少，但也不至完全没有。譬如，西域蒙古人的子孙后代也有能文善诗之人。不过在金、元时期，像满洲旗人这般竞相学习中国文学、热衷编撰诗词文集的情形是不曾出现过的。相比之下，满人被汉化的成效格外显著。诗文大体就讲到这里。

五、词曲传奇小说

最后我们再稍微讲讲"词"。我们所说的诗在唐前都是可以唱的。唐朝初期，诗都可以和着乐器的伴奏来唱。唐朝中期以后，诗渐不入乐，代之而出的就是词。日本有一种名为"端歌"的小曲，除原曲以外，还可以再配新词，谓之为"替歌"。譬如，《春雨》有《春雨》的曲调，《黑发》有《黑发》的曲调，都可以重新填词。中国的词与日本的小曲很像。词中也有各种曲调，譬如《百字令》就是一种曲调。词人可以根据曲调进行填词。宋代以来，外族入主统治中国期间，词得到了很大发展。对满洲人、蒙古人来说，一点底子也没有的情况下去学中国文学实非易事。而词相对接近口语，平日又总吟唱，时常入耳。这种别具妙趣的事物与外来的民族文化更加契合。在徐乾学的帮助下编纂《通志堂经解》的纳兰性德就是一位天赋异禀的词人。乾隆帝热衷于各种学问，对词学的发展也颇费心血。康熙时期，很多优秀的词学著作已经面世。到了乾隆帝时，他则特命研究古词曲的名家黄文旸审校古代词曲。

至于"曲"，其实就是以词入乐，并辅以人的动作的戏曲的原型。清朝有很多名曲，譬如清初的《桃花扇》。清朝还有一位戏曲天才，名叫李笠翁。因诗名被称为乾嘉三大家的蒋士铨也是戏曲大家，作有《九种曲》。戏曲作家辈出，使戏曲在清朝得到大发展。虽然元明时期戏曲也很兴盛，但研究戏曲却始于清朝。孔艺亭曾奉乾隆帝之命研究戏曲。

此外,"传奇小说"在清代也有所发展,其中名气最大的首推《红楼梦》。《红楼梦》是一部西方人读过后都叹为观止的作品,已经被翻译成外文。这些小说中虽然也有一些近于淫猥低俗之作,但像《品花宝鉴》这种能够反映清朝民族性的作品,是很有研究价值的。此外,中国人喜爱怪诞故事。蒲松龄的《聊斋志异》、纪昀的《阅微草堂笔记》都是志怪小说。大名鼎鼎的汉学家纪昀虽曾奉命编纂《四库全书总目提要》,却不屑再著新作,只在闲暇之余写下了志怪小说《阅微草堂笔记》。袁枚也著有志怪小说《新齐谐》。这些都是从通俗文学方面研究中国民族性的重要材料,具有很高的研究价值。如今,围绕清朝文学代表作《红楼梦》的研究已经展开。

关于清朝的史学、文学,我大体就讲到这里。由于时间关系,大部分讲得比较粗略。今天就到这里。

第6讲 艺术

今天我们来讲清朝文化的主要部分——艺术。

艺术虽然种类繁多，但在中国却以书画为主。书画这东西，如果不看实物只在讲台上讲，很难看出它们的演变过程。可书画收藏家无人不把自己的藏品视若珍宝、爱护有加，所以演讲时能拿出实物供听众参考是件很困难的事。这次演讲承蒙东起东京、西至中国一带的众多著名收藏家厚爱，借给我许多珍贵藏品，得以展出供大家参考，我感到不胜荣幸。对我来说，这是研究上的一大幸事；对各位听众来说，也是难能可贵的一件幸事。

清朝的书法家

一、清初大家名家

要讲清朝书法，还得追溯至明末。明朝初期，书坛最盛行的是元代赵子昂之书。明朝中期，祝允明等代表人物相继出现，一改赵子昂以来的书风，上追唐风，开创前所未有之新风。同时，书法名家文徵明出现了。文徵明基本承袭赵子昂以来的书风。说起赵子昂以来的书风，我们就得讲得更远些了。我们讲诗时提过宋代的黄山谷。黄山谷的书法开一代风气。从黄山谷至文徵明,整个书坛基本都在黄山谷书风的笼罩之下。后来,祝允明开一代新风,推陈出新。明末时期,著名书家董其昌的书法风靡书坛,对清朝书法极具影响。甚至可以说,清朝书法有七分都取自董其昌。

总之,清代书法受明代影响颇多。师法赵子昂、文徵明之人多以之前流传下来的真迹学习临摹。如果没有真迹,就用描来的字贴代替。祝允明之后,以碑帖研究书法的风气渐兴。纲目中所写的阁帖《淳化阁法帖》在明末时期尤其盛行。《淳化阁法帖》是宋太宗时收集古代书法墨迹刻

文徵明的书法作品

印的法帖，最初刻在木板上，后来又刻在石板上，十分珍贵。明朝末期，由于宋刻《淳化阁法帖》真本难求，渐有翻刻本出现，从而使《淳化阁法帖》流传甚广。这些刻本多由明朝的亲王等富贵人家镌刻。万历年间，明肃王所刻肃府本《淳化阁法帖》问世，迅速传遍天下，引得人们纷纷临习。但一代名家董其昌却丝毫未受影响，仍然临习宋代以来的真迹。明末政治松弛，思想自由，学术新说层出不穷，就连书坛也受到了影响，出现了一众个性张扬、别辟蹊径的书法家。一代大家董其昌的书法在他生前及死后的一段时间并未十分流行——当时大行其道的是各种标新立异的书风。我在这里列出一些跨越明末清初的书法名家。譬如，傅山、王铎虽然都是明末流

董其昌

派纷呈的书法家当中临习《淳化阁法帖》的主要人物，但秉性大为迥异。傅山是明末忠臣义士。明朝灭亡以后，傅山不屑仕清，便带着儿子归隐山林，以行医卖药为生，一生清白。而王铎是个颇有争议的人物。明朝灭亡时，王铎率先降清。不仅如此，南明君主弘光帝据守南京一年后外逃。弘光帝被捉拿回来以后，王铎竟对其大加辱骂。虽然傅山和王铎是完全不同的两种人，但他们的书法风格却很相似。明末清初，书坛虽然涌现一批崇尚奇风的书法家，但临习《淳化阁法帖》之风仍最盛行，蔚

为宗派。其代表人物就是这里列出的傅山和王铎。下边的宋曹也属于阁帖派，不过最有名的还是傅山和王铎。

这里列出的冒襄和周亮工也是明末个性书法派的代表人物。虽然以传统视角来看，晚明书法可能不成章法，但它们恣意纵情，题于挂轴，悬挂高堂，自有万般趣味。从这个意义上讲，明末书坛可谓人才辈出，而且都能各自成趣，实属罕见。明末书坛何以有这么多天才横空出世呢？可能是人们为所欲为、放纵堕落之时，反而使得审美趣味得到了熏陶，所以即使笔法拙劣，也能写出别致之感。展室中展出的冒襄和周亮工的作品虽从寻常意义上说也不成章法，但都挥洒自如、别具一格。冒襄纵情逸乐，风流一生。明末很多人都和冒襄一样，因生活风流，而影响到其书法。

二、康熙雍正年间的名家

康熙雍正年间，董其昌的书法盛极一时。康熙帝尤其喜爱董其昌的书法。我们讲第一讲时展出的康熙帝的书作就是临仿董其昌的作品。康熙帝的书法作品有很多都是临仿董其昌的。一时之间，不仅康熙帝学于董书，民间书法家也纷纷临摹董书。由于当时的通讯尚不发达，所以董其昌的书法在他死后三四十年才开始流行。这里列出几个学于董书的代表人物。其中，笪重光并非尽学董书，而是自董其昌入，从米芾出。陈奕禧则专学董其昌。下边的汪士鋐也跟陈奕禧一样。总之，列在此处的所有书法家都曾学于董书。时值康熙治下，不仅天下太平，人心也日趋平静，不再追求放荡不羁的生活。书风受社会环境影响，自然也有所收敛，变得严正规矩。不过个性张扬的书法减少，也失去不少趣味。康熙雍正年间，严正规矩的书法蔚然成风，笼罩书坛六七十年。

董其昌书风大行其道的同时，碑帖研究日渐兴起。碑即石碑；碑帖研究即把石碑上所刻文字拓印下来，进行研究。石碑是为记载一些历史

董其昌的书画作品

事件而刻；帖则从一开始就是出于临摹需求才出现的。帖在很久以前并不指拓本刻本，而是指王羲之等人的真迹摹本。后来，这些摹本变得非常罕见。人们便开始将名家墨迹刻于石头或木板上，刊刻出来供后人临习，谓之为帖。然而，碑上所刻文字原本并非为了学书，而是另有他用。由于碑石上的字都写得很好，所以后来才被人们当作范本学习。大部分中国书法家兼学碑帖。不过，明朝以前，由于古代真迹摹本已有流传，所以书法家多以真迹摹本学书。明朝以后，碑帖之学渐兴。到清朝康熙雍正年间时，由于世道太平，学问得以勃兴。于是，越来越多的人开始研究碑帖。其中，尤以姜宸英、王澍等人的名气最大。姜宸英、王澍等人十分擅长研究和临习碑帖，就连他们的书法作品也极富碑帖韵味。姜宸英的书法极具个人特色，偶尔能从中窥见董其昌的风格。王澍的书法则妙在对前人书法的完美摹拟，自己的风格并不特别突出。随着这些书法家的出现，碑帖派渐兴。以上就是康熙雍正年间的书法。

三、乾隆嘉庆年间的大家名家

接下来就到了乾隆雍正年间。在这八九十年的时间里，书法也和其他文化一样，形成了清朝特有的风格。张照、刘墉是有清一代的书坛大家，都自帖学而入。当然，帖学派也并非完全不学碑，只是以帖为主。张照和刘墉的书法造诣达到了临帖书家前所未有的高度。他们的书法独具一格，与临习《淳化阁法帖》的傅山、王铎所代表的明末书风大不相同，形成了有清一代的独特风格。这些很难用语言描述清楚，希望大家都能去看看实物。

张照和刘墉堪称清朝前半期的书坛大家。与此同时，书坛还涌现了很多名家，譬如这里所列的梁同书、梁巘、王文治、宋葆醇、铁保等。其实，清代擅长书法之人远不止此，这里列举的只是一些有代表性的专业书法家。这些书法家虽仍自董其昌入，从米芾出，一时难脱古法，但

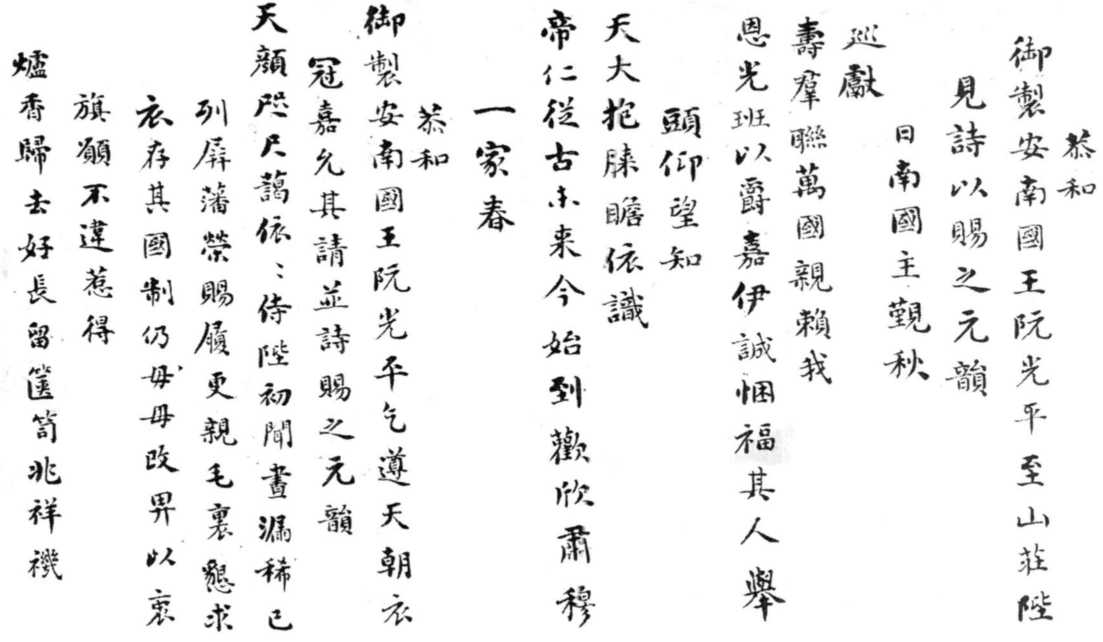

御製恭和安南國王阮光平至山莊陛
見詩以賜之元韻 秋

躬獻
壽筵班以爵嘉伊誠福其人輿
恩光聯萬國親覿我福其人輿
天大枒恭仰望知
帝仁從古來今始
  一家春

御製恭和安南國王阮光平乞遵天朝衣
冠制度嘉允其請並詩賜之元韻
天顏咫尺籌陸初同書涵梓
爐香帰去好長留遠
旂颯天達蕊得
名列其國制切
存藩紫賜優
儀親改毋
毋軍象
早以示
兆祥
稔

刘墉的书法作品

已不似从前那般囿于董其昌一家，开始直接自帖学入米芾。尽管大多数书法家学于米芾，但也有宋葆醇等人摹拟颜真卿之书。此外，各个地域的不同风土人情也对他们的书风有所影响。譬如，北方人和南方人的书风就大不相同。当时，中国的南方地区文化繁荣；而北方的北京又因是帝王之都，所以学者文人也多云集此地。这样一来，中国就拥有南北两个文化中心。南北风土人情的不同在这些人的作品中得到了很好的体现。梁同书、梁巘、王文治等人的书法极具江南风韵。由于南方物产富饶、生活奢靡，所以他们的书风也非常华丽唯美。我们再看北方书家。当时满洲旗人中出了位名叫铁保的书法家。铁保的书风圆润粗重、沉稳有力，虽不够奇巧多姿，却自有一种厚重古朴之美。同一风气之下，书坛虽然形成了极其相似的独具清朝特色的书风，但又可以分为两个流派。

当时，北京还有一位研究碑帖的书法家——翁方纲。翁方纲堪称清代兼习碑帖之后劲。碑学方面，他多方搜集新旧碑石拓本，进行比对研究；帖学方面，他也做了细致入微的研究。碑帖之学至翁方纲时达到最高峰，之后无人能出其右。

四、道光以后的名家

道光以后，书风再生变化。早在翁方纲晚年时期，道光以后的书坛大家就已相继而起，并与前代大家产生了书风之争。道光以后的书坛大家首推邓石如，此外还有包世臣等人。包世臣虽书法平平，却对道光以后书风的盛行有提倡鼓吹之功。邓石如和包世臣都属北碑派。北碑派是如何产生的呢？此前碑帖兼学的书法家不太研究北碑，而多研究虞世南、欧阳询、褚遂良、颜真卿等唐代名家所写的碑文。道光以后，有人开始研究六朝碑。因为六朝碑主要出土于山东、河南等北方地区，所以又被称为"北碑"。这就是北碑派的由来。

北碑之风是严正规矩的唐风形成以前、书风将定未定之时的一种过

第6讲 艺术

渡风格，颇具独特意趣。道光以后，北碑研究渐兴。此外，金石学在当时十分盛行，带动了汉碑、六朝碑的研究。邓石如是最得北碑派精要之人。邓石如去北京时，翁方纲还看过他的字。不过翁方纲并不看好邓石如的书法，大有贬低之意。当时，很多人贬低邓石如的书法，唯独包世臣对其推崇备至。在包世臣不遗余力的宣传之下，邓石如名声大振，终成一代大家。在包世臣和邓石如的大力倡导下，北碑之学不到十年便

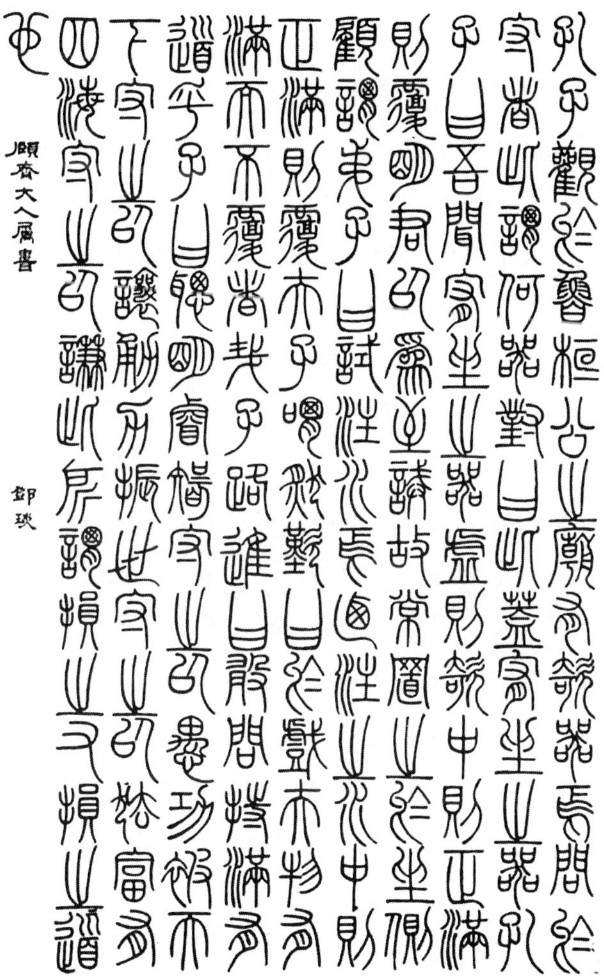

邓石如的书法作品

风靡天下。不久之后,北碑书法远播朝鲜,引起了朝鲜的一场书法改革。当时,出使中国的朝鲜使者金正喜——此人也是大院君的老师——深受北碑书法影响,将它带回了朝鲜。明治年间,北碑书法由中林梧竹[①]传入日本。

其实在此之前,已有人写过像北碑派一样风格奇异的书法,譬如书画都别具奇趣的金农。不过,金农不像包世臣那么能言善辩,未能开一派风气。当时,阮元也有提倡鼓吹北碑之功。阮元不像包世臣一样身体力行,只是从理论上提倡北碑。阮元的《北碑南帖论》和《南北书派论》文章虽短,却引发了一场声势浩大的书风革新运动。不过,阮元的书法革新论只停留在高喊理论上,自己所作的书法仍然难脱前人窠臼,并不像他倡导的那般具有革命性。日本也有人深受阮元的影响,对他的主张深信不疑。但阮元的主张只是为推翻前人、另标新风而立,并非正确无误、无懈可击。总之,正如当时经学尊汉抑宋的主张一样,书法上也产生了尊碑抑帖的主张,引发了一场书法革命。从翁方纲到邓石如,正好是中国书风发生巨变的一大节点。

与邓石如同时代的书法家当中,也有人反对他的书风。邓石如的篆书和隶书都写得极好。同样也写篆书和隶书的钱坫、钱伯垧不仅未受邓石如影响,还十分反对邓石如的书风。钱坫为人狂妄自大;钱伯垧篆楷皆精,自视甚高。尽管这些人都很反对邓石如的书法,但邓石如的书法还是日渐盛行。满洲人钱泳也是与邓石如同时代的书法家,可谓守旧派的代表人物。书风革新运动当中,钱泳岿然不动,主张新未必好,旧未必坏,其见识可见一斑。这里列举的就是反对邓石如的同时代的书法家。

再到后来,邓石如的影响日甚。加之时人的鼓吹游说,北碑之学大

[①] 中林梧竹(1827—1913),日本书法家,与岩谷一六、日下部鸣鹤并称为"明治三笔"。中林梧竹先后于1882年和1897年两次渡海入清,专攻中国六朝碑版书法,将北碑书法带回了日本。著有《梧竹堂书话》等。——译者注

为盛行。这里列出的许多人都是受其影响提倡北派书风的代表人物。其中,吴熙载是包世臣的门下弟子,在书法上继承包氏衣钵。这时的书坛人才济济,为鼓吹新风贡献了巨大力量。

以上都是道光以后书法界的情形。近来之人则有赵之谦以及去世不久的杨守敬和现仍健在的吴昌硕等。他们中既有极力鼓吹北碑之人,也有不甚宣扬、埋头临习之人,但大部分都属北碑派。直到今天,北碑派在中国也经久不衰。相比之下,帖学派却几乎没有一个大家。道光咸丰年间,中国书风悄然生变。将北碑书风传到日本、在日本享有很高声誉的杨守敬曾在日本买卖北碑拓石,极力鼓吹北碑书风。尽管如此,杨守敬本人并不独尊北碑,"纲目"中列出的《平碑记》和《平帖记》就出自他手。因此,杨守敬其实是碑帖并重,胸怀复兴前风之志。他不像前人那样专学唐碑,而是兼学北碑,只是在研究的过程中逐渐对唐碑产生了更大兴趣。此外,他对清代前期的帖学也极有兴趣。来到日本以后,

吴昌硕的书画作品

他遍访唐人写经真迹。虽然近来情形有所改观，但唐人真迹在当时的中国可谓千金难求。杨守敬初来日本，正值明治初期崇尚西学、欲废汉学之时。奈良一带寺庙里的唐人写经几乎与废纸无异。杨守敬见此情形大为震惊，开始转向临习唐人真迹，想要以此改变自己的书风。杨守敬之书虽终未真正回归唐朝古风，却颇受其影响。另外，中国近来有大量文物出土。譬如，西域地区出土了汉简，驻守长城士兵的簿籍陆续现世。当年的簿籍大多书于木竹之上。出土之后，大部分文物被西方人带去了法国等地。用于占卜的龟甲、篆书文物、隶书残碑大量出土，并且都极具研究价值。学问大家罗振玉就曾参考契刻于甲骨之上的文字，尝试创造一种新的书风。敦煌还出土了从六朝至宋初的经卷文书。虽然大部分文物被法国掠走，但它们的出土必定会对中国人的思想和书风产生很大影响。有朝一日，北碑南帖之争或将不复存在，重归于一，就像文学中古文和骈体文在相互斗争中最终走向交融一样。随着文物的不断出土，书法家开始上溯古风，北碑南帖呈现兼容并蓄之势——虽然能融合到何种程度还不得而知。中国书坛如今毫无衰颓之气，新的研究层出不穷，以后也必将取得更大发展。以上就是清朝书法的大致情况。

此外，清朝还有一些女性书法家。可惜的是，我手上没有她们最优秀的代表作品。"纲目"最后列出的吴芝瑛是廉泉的夫人。廉泉很以自己的夫人为傲，夫人的书法更是让他自豪不已。廉泉能如此以妻子为豪，也着实令人佩服。吴芝瑛的书风一度发生变化。近来，她开始从董其昌转学北碑，造诣愈发深厚。我们展出的是她学于董其昌的作品。

最后，我再稍讲一下论书名著。由于没有时间具体展开，我只把它们分成旧学和新学。旧学即对帖学书风的研究；新学即对新兴书风的研究。新学和旧学的代表人物都已列出，如果有人想要研究书风，不妨读读他们的著作。关于清朝的书法家，我就讲到这里。

第6讲 艺术

清朝的画家

接下来我们讲讲清朝绘画。清朝绘画涉及范围极广，研究起来着实不易。我认为，比起绘画的变迁史，我们首先需要了解清朝画坛最具代表性的大家。清朝初期，画坛涌现了六位大家。清朝绘画和书法的时期划分略有不同。书法方面，清朝被划分为顺治年间、康熙雍正年间、乾隆嘉庆年间、道光以后四个时期。而绘画方面，清朝被划分为顺治康熙年间、雍正乾隆年间、嘉庆道光年间和咸丰以后。同一时代的所有文化并非总是同步发展的。就拿唐朝的诗歌和文学来说，唐朝分为初唐、盛唐、中唐、晚唐。盛唐时期诗坛已经掀起改革浪潮，而文学迎来革新却在更晚的中唐时期。所以，书画虽同为用手创造的艺术，发展却未必同步。无论是书画还是诗歌、文学，只要一方发展较晚，时期就会错开，但最多也就早一时期或晚一时期，大体顺序并不会有太大差别。

一、清初大家

首先，这里列出了清初画坛的六位大家。因为六位大家中有四人姓王，另外两人分别是吴历和恽格，所以世人又称他们为"四王吴恽"。这六人都可谓有清一代的画坛巨匠，不仅吸收宋元明诸家之长，还开创了一代风气。尤其是位列第三的王翚，他被称为熔古来画风为一炉的大家。与中国书法一样，中国绘画也有南北之分，即南宗北宗。这种划分并不是指地理上的南北，虽然也有人将它解释为地理上的南北，但实际并非如此。南北二宗互相排斥，大有水火不容之势。到王翚时，他将两种迥然不同的画风融为一体。其实早在明朝中期，南北画风就已呈现出融合之势。明人唐寅虽然师承北宗，属于北宗画派，却与宋元时期的北宗大不相同，几乎与南宗无甚大异。所以，南北二宗早在清朝以前就有融合之势，到王翚时真正实现兼容并蓄。清初六大家把向来对立的南北

王翚画作

王翚画作

王翚画作

画派融会贯通，开创了清代各种极具个性的画风。他们不仅在清代的绘画变迁史中至关重要，在整个中国的绘画发展史上也大有可观。

　　清初六大家中，王时敏和王鉴的画风受前代影响颇大。明末董其昌不仅开辟了书法史上的新时代，还开辟了绘画史上的新时代。王时敏和王鉴继承董其昌的衣钵，二人的画风比较相近。王翚师从王鉴，年轻时得王时敏赏识，颇受王时敏称赞。王翚上承董其昌遗风，遍学诸家，博采众长而自成一格。我们再说康熙年间的王原祁。王原祁是康熙帝的御

王时敏画作

用书画鉴定师，留下了许多重要的画论著述。他曾参与编纂《佩文斋书画谱》。《佩文斋书画谱》内容详尽、议论系统，可谓前所未有。还有我们之前讲过的吴历。吴历与西洋绘画渊源颇深，是清初六大家中受西法影响最大的。而恽格堪称六大家中的第一大天才。"纲目"中所写的奉常指王时敏，廉州指王鉴，石谷指王翚，南田指恽格，渔山指吴历，司农指王原祁。

有趣的是，这些画家大多来自中国的两个地方。王时敏和王鉴来自上海附近的太仓州；王翚和吴历来自常熟。古时，太仓州名为娄东，常熟名为虞山。由于娄东、常熟出现了这些大家，娄东画派和虞山画派便被奉为清代画坛的正统派。当时画坛流派林立，浙江一带有浙派，江西一带有江西派，福建一带有闽派。但这些派系都是旁枝末节，画作亦有地方习气。只有娄东派和虞山派没有明显习气，被奉为正宗。总之，清代画坛认为，不学娄东、不习虞山便不可谓之为正统。清初六大家不仅是清代的画坛大家，在整个中国历史上也是赫赫有名的大家。无论是诗歌还是文学，都是一个时代开始以后，经过一段时期才渐成风气。不过清代的绘画风格至此已经形成。只是是否真的可以称之为清朝特色的画风，还有待考量。从历史的角度来说，或许将其称为清朝前期的画风才更贴切。可清朝画家中，若论实力，能与其他时代抗衡的大家也只有这六个人。因此，只好将他们作为整个清朝画坛的代表人物。他们的画自然就是代表清朝特色的画。尽管如此，我们还是要承认与清初六大家相对的清朝后期画风的存在。

下边的释道济指石涛，释髡残指石溪。石涛和石溪的画作不拘一格，代表了明末清初风姿奇逸的一派画风。他们的山水画豪放纵逸，个性鲜明，是常人难以学来的。

陈洪绶和萧云从虽与石涛、石溪的笔法有所不同，风格却大体相似。陈洪绶以人物画见长，而且多画时人很少想起的古代六朝人物。六朝之

吴历画作

王鉴画作

画存世极少，所以陈洪绶不可能直接学于六朝，但应该多少临观过一些古画。陈洪绶虽然身处明末清初，却与一千五百年以前的高人逸士心境相通。他喜画古人想必也是性情使然。萧云从则善画山水。他的画风逸趣横生，颇具古风高韵。即使在画风奇肆超逸的明末清初，陈洪绶和萧云从的画作也格外独特。石涛和石溪的画作之奇，在于表达了当时那个时代的心理；陈洪绶和萧云从的画作之奇，则由上追远古时代的心境而

石涛画作

生。萧云从的画对日本也产生过影响。据说,萧云从的《太平山水图》传到日本之后,落入祇园南海①之手。后来,池大雅②根据《太平山水图》学习南画,开启了日本的南画。

此外,龚贤、吕潜、戴本孝等是明末清初画坛另辟蹊径之人。其中,龚贤的画作多受西法影响,颇有几分以往画作中鲜有的印象派的意味。

萧云从画作

---

① 祇园南海(1677—1751),日本江户时代著名儒学家、汉诗人、文人画家,被誉为日本文人画的开拓者,主要著作有《诗学逢原》《南海诗诀》等。——译者注
② 池大雅(1723—1776),日本江户时代著名画家,代表作有《山亭雅会图》《楼阁山水图》等。——译者注

顾殷、朱耷、徐枋、姜实节等人都是明末拒不仕清、归隐山林的逸士。他们淡泊名利，与世无争，作品自有一种高洁气韵，也颇能展现明末清初独具一格的画坛风貌。

　　总之，石涛以下之人都是明末清初个性鲜明的代表画家，其中又有反映当代心理、古代心境、隐士情操之别。由于画家们各具特色，我便在列举时做了如上分类。

　　再往下，项奎、查士标、顾大申、王武、程邃、文点、罗牧、高其佩等人继承了明末中和平正的画风。道济、姜实节等人是明末画坛个性鲜明的代表人物；项奎、高其佩等人则深受明末以来流行的董其昌画的影响，成为平正温和画风的代表人物。他们的画作虽然也都各具特色，但整体上可以称为明末画风。其中不乏与清朝中期画风相近之人。由于正值过渡时期，这时的画坛既有人承前代遗风，也有人启后代新风。但这些人的画风整体上可以归为一类。若要进行区分，也可以分为做前代总结之人和发后代先声之人两类。但无论如何，他们都是康熙时期的普通画家代表。其中，恽格一派兴起以前，王武的花鸟画盛极一时，他本人也成了明末画坛当仁不让的代表人物。后来，恽格力压王武，最终成为清朝画风的开山之祖。王武之画则成了明末画风的终点。罗牧是江西人，被誉为江西画派之祖。在被奉为正统的娄东派和虞山派看来，罗牧的画笔意粗犷，带有一种乡下气。最令人称奇的要数高其佩的指头画。指头画是一种以指代笔的奇特画技。高其佩是铁岭汉人，在满洲长大成人。满洲和日本的北海道一样，在中国属于文化落后的乡下地区。一代天才高其佩在此横空出世。

　　下面这位禹之鼎是以肖像画著称的清代画坛大家。清代肖像画原本自成一格，却因受西洋绘画影响，在乾隆帝以后发生了巨变。不过禹之鼎是明代以来的旧派肖像画家，他的画既未受西法影响，也不受清朝新风影响，一直保持旧有的画风。

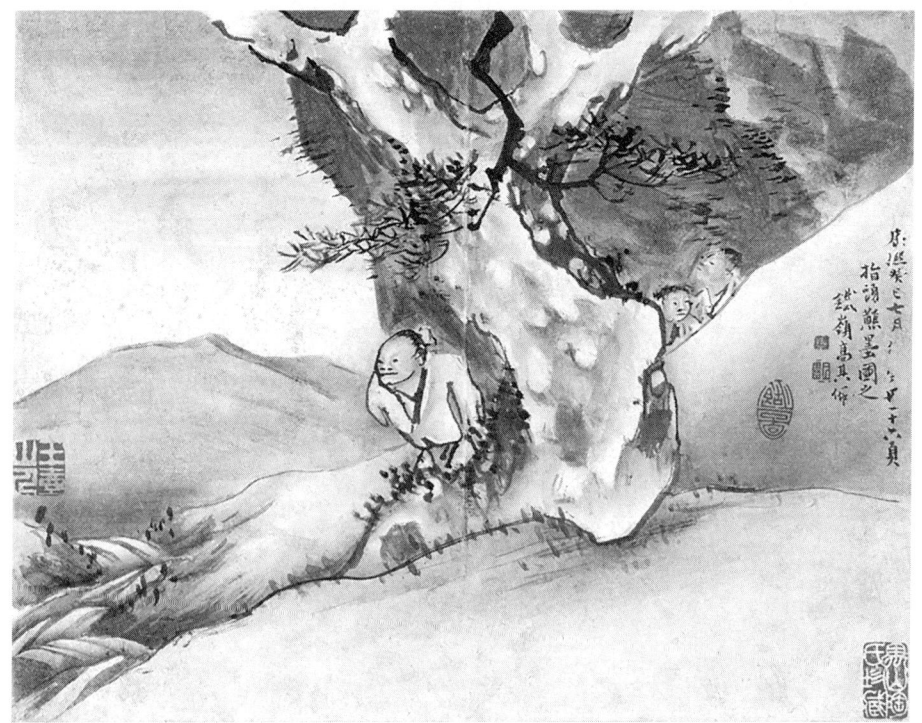

高其佩画作

禹之鼎画作

再下边的笪重光和高士奇是精于鉴赏的画家代表。比起自己作画，他们更擅长鉴定画作。而高超的鉴赏水平也使他们能够作出颇富逸趣的画。

二、雍正乾隆年间的名家

接下来就进入了清朝绘画的第二个时期——雍正乾隆年间。雍正乾隆年间的名家有黄鼎、沈宗敬、杨晋、唐岱、蒋廷锡等。这些人的画风摆脱了明末影响，承袭康熙时期渐渐形成的清代新风。其中，黄鼎师承王原祁，实力非凡，几乎可以跻身大家之列。沈宗敬与黄鼎不分伯仲。杨晋是王石谷的门下弟子，几乎原封不动地继承了王石谷的画风。中国绘画界的师徒关系不像日本那么紧密，讲究流派传承。日本弟子如果没有继承老师的画风，会被逐出师门。而近代中国在这一点上要自由得多，

黄鼎画作

第6讲 艺术

师徒之间并没有太多严格的管束,可谓一大进步。所以,杨晋完全继承王石谷的画风反倒显得有些稀奇。清朝初期,拘守师法的情形尚可得见;再到后来,拘守师法的现象越来越少。唐岱是满洲旗人当中最负盛名的画家。他学于四王吴恽,尤其取法王原祁。唐岱供职于内廷画院。画院是皇帝御用的绘画机构,汇集各地名家大家、善画高官。画院之画自成一格,虽笔法细腻,却难免过于匠气,缺乏雅趣。唐岱的画颇具画院风格。蒋廷锡擅长恽格画法的花鸟画,虽不及恽格的花鸟画挥洒自如、生意盎然,却极为注重写生,笔法精工细致。以上这些画家大多跨越康熙、雍正、乾隆三朝,沿袭了康熙年间沉稳严谨的画风。

李世倬、王昱、张庚、张鹏翀等也和以上画家一样,承袭了康熙时期的画风。只是较之上面黄鼎等人,这些人的绘画功底可能要稍逊一筹。其中,张庚是鉴赏家兼绘画史家。

再到后来,画风大变。钱载、钱维城、潘恭寿、尹锡等人可以说是雍正乾隆年间画坛的真正代表人物。与康熙时期相比,雍正乾隆时期的画家大多另辟蹊径。康熙年间,经学以宋学为主,即使偶有异说新论,也不会超出宋学范畴。乾隆时期,众多学者开始转入汉学,求新尚奇,令人耳目一新。学术界的思潮亦波及绘画。乾隆时期,很多画家不愿墨守陈规,力求推陈出新。就拿山水画来说,以往所画多是深山幽谷等我们平常难得一见的奇观异景,观来不觉骇目惊心,后来所画则多为司空见惯的寻常景色。然而,寻常风景落于纸上却大不寻常,虽无奇险之气,却有沁人心脾之美。后来的画都不像从前那么讲求笔墨技巧,而是更看重意境的创设。可以说,雍正乾隆以后,画坛一改明代以前奉笔力笔意为圭臬的作派,开始注重表达心境,笔法也变得轻快。不过,这种画法并非人人可以模仿。我听说,有个东京人曾去拜访京都的某位收藏家,借了清朝名画带回学校,让学生临摹来学习南画。这个人可以说完全不懂南画的本质。宋明时期的院体画在技巧上是有一定规律可循的,只要

蒋廷锡画作——《康熙皇帝》

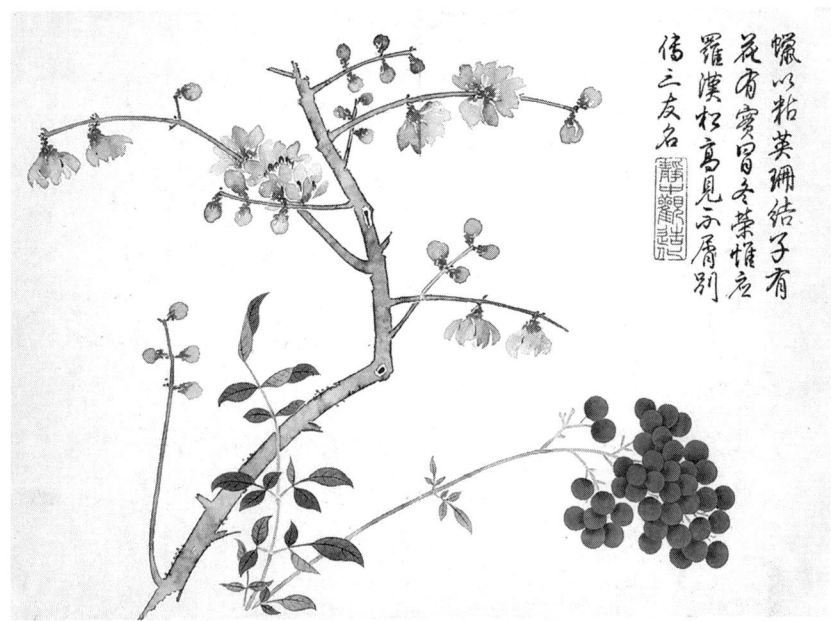

钱维城画作

钱维城画作

掌握其规律，便可以大致效仿。不过，雍正乾隆以后的画力图摆脱技巧的束缚，主张以自由手法表达个性，风格各异、张扬随性，可谓既有章法，又不囿于陈规，一切以抒发心境为主。这种画作靠一本正经的临习摹仿是学不来的。而此人却把它看成和北宗的画一样，以为学生通过临摹便可学来，可见他完全不懂清朝的新画风。

这里我们有必要了解一下清朝新画风的特点。清朝涌现了很多笔触灵巧之人。这些人用笔极轻，少用湿墨而多用渴笔，追求轻描淡写之间自然成画，不在笔力上做文章。这就是这个时期绘画的特点。就画的力量来说，宋元明时的大家自不必说，顺治康熙年间的清初大家也是后人难以企及的。单从个人水平来看，四王吴恽之后确实再无大家。但从清朝整体来看，画坛后来出现了很多风格各异的画家。一代大家四王吴恽即使再多才多艺，每个人的画作也难以跳出自己的风格。而乾隆以后，许多风格各异的画家相继出现。这些画家作为个体来看十分渺小，几乎无人可与四王吴恽比肩，但他们各有所长，作为一个整体形成了清朝后期的独特画风。所以，这些人中没有谁是可以忽略的，他们的画作各有趣味，独具特色，倘若作为一个整体来看，未必不如四王吴恽。换句话说，四王吴恽的时代与后来没有大家的时代并无优劣之分。乾隆以后虽再无大家，却也群星璀璨，共同装点了这个时代的画坛。

如此一来，画坛出现许多稀奇古怪之人也是很自然的，譬如金农、郑燮等人。金农的画与日本琳派①的画有些相似，但画风更粗犷，野趣十足。他的字也是如此。郑燮喜画兰竹等简单题材，颇具野趣。这两人的画在乾隆时期也属怪异，代表了一种极端排斥技巧的画风。

其次是高凤翰、华嵒、李鱓、边寿民等人。这些人的画在日本人眼

---

① 琳派是日本江户时代的绘画流派，又称"光琳派"或"宗达光琳派"。琳派画风由俵屋宗达、本阿弥光悦始创，至尾形光琳而集大成，追求华丽的色彩和丰富的装饰性，主要代表人物有酒井抱一、尾形乾山、深江芦州、渡边始兴、立林何帛等。——译者注

金农画作

里虽没什么特别之处,但中国人看来却有纵逸之气。以中国的审美来看,日本人的画其实乡下气十足。娄东派、虞山派等正统画派那种纯净平和、习气尽除的高水平画作,在日本少之又少。在中国人看来,日本人作画一味求奇,就有了乡下气。虽然不知今后会如何发展,但中国自古以来就是东方的文化中心,日本则长期处于边缘地带。这么说可能要对不起国家主义者,但文人画这种东西本就是中国文明的产物,中国为正统、日本有乡下气也在所难免。总之,日本人看中国人的画孱弱无力,中国人看日本人的画则有乡下气。以上所举的高凤翰、华嵒、李鱓、边寿民等人的画在日本人看来颇有趣味,却被中国人视为异类。清朝传入日本的画当中,尤数这些画最受日本人喜爱。

再下边的王玖、王宸都是名家之后。王玖是王石谷的后人;王宸是王原祁的后人。他们虽都秉承家学,却也多受时代影响。因此,他们的画风与前人的画风颇有不同。不过,他们所代表的是一种正统严肃的时代风气,而非以上诸家那种标奇立异之风。

张宗苍是雍正乾隆时期的一位大家。他的画作气势恢宏、苍劲有力,一洗当时宫廷画院惯有的甜熟之习。乾隆帝南巡途中,张宗苍得乾隆帝赏识,后进入画院供职。虽说他的作品不染院画之俗,却也不是完全未受影响,只是在当时供职画院的画师中能够不失本色,更出类拔萃而已。

张宗苍画作

究其原因,可能是他并非画院出身,而是中途受命供职画院,而且早在进入画院以前已经成为画坛大家。可以说,张宗苍的画代表了乾隆时期最气势恢弘、苍劲有力的画风。其实,即使在乾隆时期,画坛大家也有回归四王吴恽画风之势。只有不懂行的无名画家,才会一味标新立异,真正的大家反倒不作怪异之画。张宗苍也是如此。若撇开时代再看张宗苍的画,很难看出它是乾隆时期的作品。也就是说,他的画并不具有乾隆时期画风的鲜明特点。但张宗苍的画却堪称中国文人画的代表,拥有一种超越时间、冠绝古今的力量。这也正是他的伟大之处。

下边的邹一桂、董邦达、董诰、张若霭等人都是画院画家。这些人并非专门作画之人,而是朝中重臣,身居高官而兼工绘画。他们奉皇帝

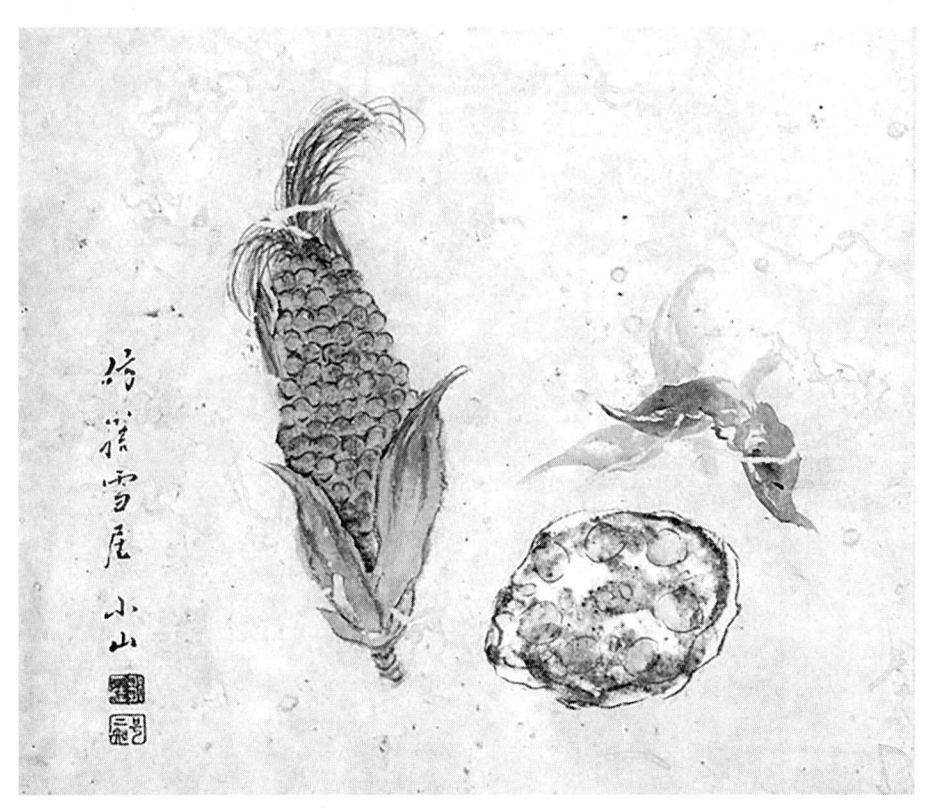

邹一桂画作

之命所作的画都是纯粹的画院风格。乾隆帝格外喜欢新奇事物，所以当时的画院如意馆也颇受欧洲文化的影响，宫廷绘画多为细密精巧之作。无论宋徽宗还是明宣宗时期，宫廷喜好都大致无二，偏爱用笔细致、注重写生的画。乾隆帝也不例外，只是在此基础上，又尤其喜爱融入西洋画法的作品。董邦达等人自己作画虽豪放不羁，奉旨作画却极为细腻。邹一桂的《百花诗卷》颇负盛名，其手法尤其是赋彩完全是受西洋画的影响。

此外，乾隆年间还有一个叫沈铨的画家。在画坛新风扑面而来的那个时代，沈铨沿袭明代画院风格的写生画，难免显得无趣。沈铨的写生画在日本虽然有着至高无上的地位，但在中国人看来却稍显落伍，有些不合时宜。由于沈铨的画深受日本人喜爱，他本人还受幕府之邀来长崎作画，对日本画风产生了极大影响，使此前一直宗法明代边景昭的日本画坛焕然一新，出现了圆山应举①等一代大家。姑且不论水平高低，单从时代来看，日本画远远落后于中国。虽然沈铨拘守明风的画作在当时的中国看来陈旧

沈铨画作

---

① 圆山应举（1733—1795），日本江户时代画家，"圆山派"之祖，早年师从石田幽汀学作狩野派画，后来学习西洋透视画法，并研究中国写生画，融会贯通，开创日本新画风。代表作有《难福图卷》《雪松图》《保津川图屏风》等。——译者注

第6讲 艺术

过时、死气沉沉,但日本人却对他青眼有加,还特意邀他来日作画。于是,沈铨的名声在日本大噪。说句题外话,西方文化传至日本以前,日本文化晚于中国一百五十年到二百年左右,日本的所有事情都是亦步亦趋地紧随中国脚步。

袁派之画又是另一种风格,其代表人物是袁雪、袁江、袁耀。在日本人看来,袁派之画可能并无奇异之处。袁氏一派自北宗入,后受西洋画风影响,开始效仿水彩画进行写生。德川末年,日本擅画山水的写生画家中,正统画派首推谷文晁[①],浮世绘派首推歌川广重[②]。这里的袁派之画居于正统画派和浮世绘派之间,虽不及谷文晁的品格意境,也不像歌川广重具有关东地方特色,却通过参考西洋写生画法,开创了山水画中的一种写实画派。陆晹也属于这一画派,画风接近日本的四条派[③]。四条派之画或许在中国人看来意境不高、索然无味,但正如写实画风在当时画院大为流行一样,袁派画风在当时的民间也颇为盛行,蔚为时代思潮。不过,袁派之画直到近年才渐为日本人所知。所以,日本德川末年的画风虽与袁氏一派颇为相似,却并未受其影响。日本谷文晁等人的山水写生远比袁氏一派意境高雅。总之,袁派之画虽然在中国人眼中意境不高,却也在乾隆时期的各大画派中独树一帜,代表了一种审美趣味,是清代文化中不可忽视的一部分。

下边的上官周、黄慎等都是福建人,属于闽派画家,创作以人物画为主。上官周早在康熙末年就已声名鹊起。黄慎承袭了上官周的风格。

---

① 谷文晁(1763—1840),日本江户时代画家,代表作有《集古十种插图》《公余探胜图卷》《五柳先生图》等。——译者注
② 歌川广重(1797—1858),日本江户时代浮世绘画家,擅画风景画,代表作有《东海道五十三次》《名所江户百景》等。——译者注
③ 四条派是日本著名画派,江户中期由松村吴春开创。由于松村吴春住在京都四条东洞院,所以得名"四条派"。四条派从江户末期到明治时期一直是京都画坛的中心画派,对日本绘画影响重大。——译者注

袁江画作

袁耀画作

他们的画作具有福建地方特色，与日本松村吴春[①]、长泽芦雪[②]之画颇有相似之处，很容易被误以为是日本人所作。闽派之画在中国被看成乡下人的画，习气过重、格调不高，但较之松村吴春、长泽芦雪的画，格调还是很高的。

三、嘉庆道光年间的名家

以上是乾隆时期各大画派的代表人物。此后，流派纷呈、空前繁荣的绘画全盛期一去不复返，画风日趋单调。嘉庆道光以后，画坛整体承袭四王吴恽之风，其中尤以继承王原祁衣钵者最多。四王吴恽当中，若论水平，王原祁处于最末，但因其笔墨生拙，却反得一种趣味。中国人甚为推崇这种趣味，称之为士气。不可否认的是，近来的艺术界大有外行抬头之势。人们认为行家匠气十足的艺术不足为道，转而开始推重外行的艺术。也就是说，过于工巧的作品缺乏趣味，瑕疵之作反而更富奇趣。四王吴恽当中，王石谷之画最精巧，被鉴赏家列为能品。王原祁之画虽非瑕疵末流，却最富外行之趣。有瑕疵却能以趣味取胜的作品一般都被列为逸品，王原祁的画却被视为神品，达到正统画的最高境界。较之王石谷，王原祁的画更具士气。王原祁曾奉康熙之命鉴定书画，得以遍览古今名画。而大部分遍观名画的鉴赏家都有轻视技巧的倾向，因此王原祁之画才变得愈发不讲技巧，追求士气。嘉庆以后，这种士气越加轻灵洒脱、清雅秀逸。

嘉庆道光年间的名家有康涛、张崟、罗聘、奚冈、黄易、王霖、钱杜、王学浩、黄均、朱昂之等人。这些人的画大多用笔轻灵、颇富士气。

---

① 松村吴春（1752—1811），日本江户时代画家，曾随与谢芜村学习南画，后来画风多受圆山应举影响，是上文提到的"四条派"的创始人。——译者注

② 长泽芦雪（1754—1799），日本江户时代著名画家。其重要代表作包括《群猿图》《山姥图》等。——译者注

其中，张崟的画体现了他深厚的文化修养，兼具技巧与士气。奚冈、王霖、钱杜虽都画技超群，却试图透过巧致呈现一种清隽超逸的外行之趣。钱杜虽然水平高超，可以作出十分精巧的画，却也极力摆脱匠气，追求温粹清秀的画风。上述这些人独运匠心，涤尽糟粕，精练技艺，终得在画作中呈现外行之趣。所以，这并非不及行家意义上的外行之趣，而是一种超越行家、别出心裁的外行之趣。若论画的力量，这些人确实不敌四王吴恽。但就意趣来说，他们却代表了四王吴恽时期不曾有过的一种超逸之趣，也可谓嘉庆道光时期的一大亮点。钱杜、黄易等人虽承袭王原祁的作画风格，但比王原祁作画更洒脱不羁。若论力量和技巧，钱杜、黄易等人必不及王原祁；但就意趣来说，钱杜、黄易更胜一筹。

奚冈画作

四、咸丰以后的名家

咸丰以后，清朝开始走下坡路，绘画方面也进步甚小。嘉庆道光时期，轻灵曼妙、清隽秀逸的画风大为盛行。道光末年以后，清朝内忧外患，世道日渐衰落。在重大历史变故的刺激下，文学往往会发出激越雄壮之声。美术虽然与由思想而生的文学有所不同，很难有乱世中名家辈出的局面，却也不乏经乱世而巍然屹立、历沧桑却愈富意趣的画家。

汤贻汾和戴熙是咸丰以后当之无愧的乱世画家代表。他们技艺超群，较之嘉庆道光年间的名家可能更胜一筹。他们的画作虽无嘉庆道光年间的名家画作轻灵曼妙、清隽秀逸，却以疏朗迭宕、沉实厚重之力取胜。道光末年以后，世道纷乱，人心动荡。受社会环境影响，诗文愈发蓬勃向上，绘画也并未止步不前。只是不同于太平盛世，人们难再从容优游于书画之间，作画之人自然有所减少。长毛之乱持续十几年，这个时期的艺术整体走向衰落，但仍有代表这个时代的大家出现。譬如，汤贻汾在嘉庆道光年间清丽柔美的画风之上融入了疏朗迭宕的劲健骨力；戴熙

汤贻汾画作

则回归沉实厚重的清初之风,表现出一种身处乱世的悲壮苍凉之感。总之,这两人都是当时的画坛大家。汤贻汾和戴熙的画作或许意趣不足,但其笔力之透澈却可与四王吴恽匹敌。两人都在长毛之乱中殉于国难。

下边的沈宗骞和秦祖永既是画论家,也是画家。清朝前期,画论家或鉴赏家等外行之画与专业画家的作品之间有很大差别。而到沈宗骞和秦祖永时,画论家之画竟与当时专业画家的作品没有太大差异。也就是说,绘画审美整体上愈发趋向外行之趣。这是清朝前期、后期画风变化的一大显著特点。

以下所举都是清朝至近代的画家,譬如王素、赵之谦、张熊、任伯年、顾若波、钱吉生、陆恢等人。这些人都是同治光绪时期画坛的代表

任伯年画作

人物。清朝末年,中国饱经战乱,画家人数大幅减少。值此画坛萧条之时,却有不世之才赵之谦横空出世。赵之谦的画作卓绝出众,属于纯粹的印象派。他最早以金石家闻名于世,在书法上亦是近代以来的大家,宗法北碑一派,被誉为"邓石如后劲"。当时,学于北碑之人虽多,却鲜有脱去唐碑习气之人。赵之谦学书的渊源不同于其他书家,深得北朝书风之精髓。与书风相似,他的画风也丝毫不落俗套。嘉庆道光以后,无论格调多么清新的画,也都循规蹈矩,多学于元明大家以及四王吴恽。唯独赵之谦能够不囿陈规,注重写意。赵之谦最擅长画花卉。巧合的是,赵之谦在四五十年前所作之画竟和今天西方画家所作的日本画类似。而日本画家在文部省美术展会上的所谓创新之作,赵之谦很早以前就在画了。绘画衰微之际,却有如此天才横空出世,也可谓一大奇观。因此,赵之谦是这个时代尤其值得关注的人。除他以外,大多数人只是蹈袭嘉

赵之谦画作

第 6 讲　艺术

庆道光之风，无人堪当大家之名。时至今日，画风亦日趋衰微。不过，近来的画家在品位格调上并未完全失去中国绘画的长处。乾隆嘉庆时期一般被认为是清朝文化的巅峰时期。而绘画在走过异彩纷呈的极盛期以后仍能有赵之谦这种天才出世，可见中国的艺术潜力尚未消失殆尽。将来世道重归太平、文化复兴之际，画坛极有可能再生变化，开创新风。至于赵之谦会在那时的画坛占据什么地位，我们拭目以待。

下边的顾洛、姜壎、余集、改琦、费丹旭、汤禄名等人都是仕女画家。之所以特别举出仕女画，是因为康熙年间的禹之鼎以前，人物画家大多继承古来的传神写照之法。后来，肖像画多出自工匠之手。许多画家的创作题材渐渐局限于山水；人物画家的创作范围也缩小到了仕女画上。仕女画因此逐步得到发展，尤以乾隆嘉庆道光以后盛行。以上所举画家都是嘉庆道光至咸丰年间之人。其中，汤禄名是上面讲过的山水画大家汤贻汾之子。清朝仕女画革新了明朝画风。仇英是明代有名的仕女画家。后人作仕女画大多取法仇英，这种风气一直延续到清朝中期。嘉庆时期，山水画形成清朝特色的同时，仕女画也自成一种新风格。开创仕女画新风的主要人物是改琦和费丹旭。他们一改仇英纤丽柔媚的仕女画风，力图如实呈现那个年代秀美、富有活力的美人风姿，成功摆脱了旧式仕女画全凭空想而作的习俗。这就是反映嘉庆以后时代审美的新仕女画的风格。

最后的顾媚、李因、马荃、陈书等人是清朝最具代表性的女性画家。恽格家中的女子多有继承家学之人，其中尤数陈书最负盛名。直到年老，陈书也未曾放下画笔。不过，这些女性画家并未对清代画风产生太大影响，最多只是添些余兴。

以上就是清朝绘画的大致情况。整体看来，绘画与经学、史学、文学等其他文化的沿革路径相似，只是最后的发展趋势有所不同。经学和诗文方面，不同流派最终融为一体，直到晚清仍有名家学者辈出。相较之下，画坛到晚清日趋衰微。自古以来，每逢乱世或者国家不稳定时期，绘画领域的专业画家都会减少，即使偶有天才出世，也很难出现名家辈出的局面。咸丰年间，汤贻汾、戴熙以后，画坛可谓再无大家。赵之谦是个另类的天才，与通常意义上的具有代表性的大家还有所不同。近来时世变迁，画坛或许已有人才出现。但画作毕竟不同于学者专著，能被同时代人看到的机会少之又少。因此近年来的画坛名家还不太为人所知，诚为一大憾事。中国通讯尚不发达，我们见闻有限也是没办法的事情。整体看来，无论是经学、史学，还是诗文、书画，各个文化领域在某个节点以前都有着非常相似的发展脉络。而且可以断言的是，清朝文化与任何其他时代相比都毫不逊色。

最后，我本想对这为期六天的演讲做个总结，一则时间比较紧张，二则我认为只要把六天的内容稍作整理思考，诸位自己就能得出一定结论，完全无需我来代劳。因此我决定省去结论部分。演讲结束之前，我还想特别感谢本次为我们提供珍贵藏品的各位收藏大家，譬如大阪的上野理一[①]先生、东京的山本悌二郎[②]先生。非常感谢各位的倾力相助。我的演讲到此结束。

[①] 上野理一（1848—1919），号有竹斋，日本《朝日新闻》的创始人之一。他精通茶道，爱好美术、收藏，曾创办美术杂志《国华》，藏有大量中日古画名品。——译者注

[②] 山本悌二郎（1870—1937），日本实业家、政治家，曾任内阁农林大臣，藏有大量中国书画，并将其编录为《澄怀堂书画目录》。——译者注

第二部分
清朝衰亡论

革命军进攻南京

绪 论

　　这本小册子原名为"清朝的过去和现在"，是1911年11月24日、1911年12月1日、1911年12月8日我在京都大学的三次演讲的速记稿。演讲结束后，京都大学以文会①有意将其出版，便对稿件中的文字谬误做了一番校改。演讲内容是我当时的所感所想、肺腑之见，事后未做任何改动。时局或许瞬息万变，但大势终会归一——我对此深信不疑。

1912年1月15日
内藤湖南附记

---

① 京都大学以文会指创设于1909年的京都帝国大学以文会，当时成员包括医科、文科、理工科等各分科大学的学生，以及教职工和毕业生，并发行《以文会志》杂志，1913年与运动会合并为"学友会"，1941年改名为"同学会"。现在的京都大学以文会指京都大学文学系的同窗会。——译者注

第 1 讲 兵力上的变迁

早年，因为职业关系，我非常关注清朝的时局。忝列京都大学教席以来，我才开始逐渐扩大研究范围。这次演讲如有不确不妥、难孚重望之处，还请各位谅解。

我演讲的题目是"清朝的过去和现在"，分为三次来讲。不过现在的人真正想听的，并不是清朝的过去或者现在，而是它的将来。我选定这个题目是在一周以前。从今天开始到演讲结束，共有两周时间。在此期间，清朝局势会发生何种变化，我们一概不知。所以演讲期间，只有清朝的过去和现在是确而有之的，将来是否存在都还是个问号。鉴于此，我决定暂且不谈将来。如果演讲结束当天还有将来可谈，到时我再讲上几句。

刚才说过，这次的演讲分为三次来讲。我每次各就一个问题尽可能进行系统阐述。清朝的过去和现在这个题目范围过于宽泛，讲什么都可以，讲多少也仍有可讲之处。选定题目之前，我也考虑到了这点。只是清朝形势日日在变，站上讲台以前很难知道该讲什么，所以我才定了这个可以自由发挥的题目，好讲一些即使放在今天来讲也基本不会出什么错的昨日情形。今天我们主要讲清朝建国以来的兵力变迁。

如今，清朝国运渐衰。这与兵力上的变迁有着密不可分的关系。正如兵力强盛是一国之兴的重大要素一样,兵力薄弱自然也是一国衰落的重要原因。所以,今天我想主要讲讲清朝的兵力。第二次讲清朝的经济变迁。第三次讲什么现在还很难说,要看到时是否有将来可讲再定。

入主中原以前

早在入主中原之前,清朝的兵力就已具有十分鲜明的特点。虽然满洲地区在以前的中国人看来是蛮荒之地,但居住在这片土地上的民族却十分强悍。如今,满洲人被清朝称为满族;但就在明朝时期,满洲人尚且被称为"女真族"。古代有句谚语形容女真族的强大,即"女真不满

女真骑士

第1讲 兵力上的变迁

万,满万不可敌。"意思是,女真族尚且不足一万人,倘若有一万人就会无敌于天下。由此可见,女真族强悍的战斗力自古有名。满族与蒙古族因为都是北方民族,所以很容易被人混为一谈。但其实二者差别很大。蒙古族是游牧民族;满族则非游牧民族。清朝的历史学家认为,满洲人虽以射猎为生,却不是游牧民族。满洲人虽自古以强悍闻名,但与其他强族相比孰高孰低,仍未可知。东洋各国的强族当中,我们且先以日本为例做个比较。万幸的是,正好有个标准可将日本和满族比较一番。

努尔哈赤的兵制

比较之前,我们首先需要了解满洲早期的兵制。清朝建国之初已有八旗。八旗是清朝奠基者太祖高皇帝努尔哈赤建立的一种兵制,以三百人的队伍为最小单位,一千五百人的队伍编成一大队,七千五百人的队伍又编成一队。所谓旗,也就是这里的队。所以,每旗有七千五百人,八旗共有六万人。后来,在纯粹的满洲八旗的基础上,清朝又相继建立了蒙古八旗和汉军八旗。

关于八旗军队在作战时如何排兵布阵,《清实录》当中都有记载。八旗编成之时,相关兵书里介绍过八旗军队的作战阵法,只是都未保存下来。如今,只有《清实录》当中还存有一些八旗军队作战阵法的相关记载。观其阵形,八旗军与敌军作战时,披坚甲者执长矛大刀,作为前锋;披轻甲者多为执弓善射之人,从后冲击。满洲人称坚甲为铁甲,称轻甲为绵甲。铁甲以缎子或木棉做正常衣裳,用铁钉把一寸[①]三四分[②]至两寸的薄锻铁片连缀成衣里,穿于两袖以及上身。腿甲则与日本相同,是将长方形的细小铁片编制成甲,缀于缎子或木棉内里。头盔与蒙古、

[①] 寸,长度单位,一寸约合3.33厘米。——译者注
[②] 分,长度单位,一分是一寸的十分之一,约合0.33厘米。——译者注

八旗中的正黄旗和镶黄旗

清朝士兵及装备

朝鲜相同，都是铁制的，只有护颈部分是在缎子或布料内里装入铁甲片。绵甲里面则没有铁片，只是缎制或棉制的兵服；将领穿缎制的绵甲，普通士兵穿棉制的绵甲。

如上所述，八旗士兵有披铁甲者与披绵甲者两种。披铁甲者布于前列，手持大刀长枪；披绵甲者布于后方，多为射手。除了披铁甲者和披绵甲者，其他人都是精兵。虽然满洲人基本都是骑兵，但第一列和第二列士兵需要下马作战。精兵则无需下马，隐藏在别处伺机而出，以便抓住战机，向敌阵发起冲击。这就是满洲八旗的作战阵法。这与同一时期日本战国时代的作战阵形大不相同。

乾隆帝阅兵

第1讲 兵力上的变迁

中古日本的布阵兵法虽然流派众多，但自从有了铁炮，阵形大体如下。足轻①装备铁炮布于前列，负责远程攻击；足轻后面的射手则负责不断放箭；当敌我距离接近时，后方枪兵冲上去作战；最后再由旗本武士②与敌军短兵相接。日本的这种阵形与满洲的布阵顺序恰恰相反。满人枪在前方，弓矢隐于其后。在日本人看来，这相当于以身披铁甲之兵为盾防，抵御敌军的弓箭炮弹（当时可能还没有炮弹）；弓箭手则轻装上阵，躲在暗处射箭；待敌阵被打乱后，骑兵最后从侧翼切入，蹂躏而进。满洲这种前方有人挡箭、后方在掩护下作战的方式与日本战酣之时短兵相接的白刃战相比，孰优孰劣姑且不论。单从布阵方法来看，满洲明显比日本更胆怯。经过这番比较，满洲兵力与日本兵力孰强孰弱，想必诸位已大致了解。日本士兵皆以赴死的信念作战，满族军队则并非如此。

满兵与明军的比较

接下来我们再将满兵与蒙古强盛时期的兵力做个比较。由于时代不同，所以我们不好再从阵法进行比较。但从战绩来看，蒙古强盛时期也就是元朝初期的兵力较之满兵要强大得多。元朝初兴之时，蒙古大军所向披靡。无论是金国还是南宋，几乎都无法抗衡蒙古大军。不过满洲初兴时，明军尚能与满兵抗衡。究其原因，并非明军实力强大，而是满兵不够强大。日本征伐朝鲜时曾与明军有过较量，当时的明军实力并不强大。或许是因为久经沙场，明朝末期的明军才能与满兵抗衡。当然，这一切还得仰仗袁崇焕。最开始的野战当中，满军强悍无比，明军处处不利。明末时期，辽东经略袁崇焕苦苦思索以残弱明军对抗满洲铁骑之策。他意识到明军不善野战，便决心坚固城池，用西方大炮进行抵抗，没想

---

① 足轻指日本中古和近代时期平时从事杂役、战时成为步兵之人。——译者注
② 旗本武士指日本战国时代由大名（领主）直接指挥的军队。——译者注

到竟真的一招制敌。攻打宁远城时，百战百胜的太祖高皇帝努尔哈赤就败给了袁崇焕的坚城利炮。不仅如此，这次惨败还使所向无敌的太祖高皇帝努尔哈赤抑郁成疾。自此一役，明军不再畏敌如虎，开始重拾信心，并涌现了一大批优秀将领，譬如祖大寿、祖大弼（后来投降满军）等。其中，祖大弼尤其骁勇，曾闯入敌方军营，与太宗文皇帝皇太极短兵相接，差点砍死太宗文皇帝皇太极的战马。祖大弼还曾夜袭满军大营，引爆火药，与敌军大战一场。可见，明军到后来时渐渐强大起来。所以虽从结果来看，明朝灭亡，明朝的土地也被满洲占领，但明军实际上并非为满军所灭。满军是在明朝亡于内乱以后，才举兵南下取而代之的，颇有几分侥幸。满军实力虽也不算弱，只是不如蒙古大军征服中国时那般所向披靡。

太宗文皇帝皇太极虽多次侵入北京附近和山东一带烧杀抢掠，但由于无法攻下山海关外的四座城池，最终未能灭明。后来，顺治帝继承皇位。顺治帝年幼时，明朝亡于内乱。当时，山海关守将吴三桂为报仇雪恨，向满洲提出借兵之请。清朝摄政王睿亲王多尔衮答应了吴三桂的请求。吴三桂大仇得报以后，满军也得以顺势攻破北京，建立清朝。所以，满军虽然大获成功，但其根基不过如此。很快还有新的证据表明，满军实力确实不够强大。

吴三桂之乱

清朝攻下北京约三十年后，昔日引清兵入关灭明的吴三桂起兵叛乱。很早以前，吴三桂就是辽东一带身经百战的沙场宿将，为清朝灭明立下了汗马功劳。清兵入关以后，吴三桂成为清军的先锋，帮助清军平定中原，最终被封为云南藩王。1673年年末，吴三桂起兵叛乱。虽然此时的吴三桂已是年逾七旬的老人，但他的叛乱仍对清政府造成了沉重

山海关

的打击。吴三桂毕竟是个身经百战的老将,他的麾下亦有众多身经百战的大将。举兵之后,叛军很快便从云南打到贵州,又一路打到湖南。当时因投降清朝且灭明有功被分封为王的,除了云南吴三桂,还有福建耿精忠和广东尚可喜。吴三桂联合耿精忠和尚可喜一同造反,使南方大乱。湖南失守后,清朝急派大军前往平乱。可攻取明朝时战功累累的大部分将领、皇族已经不在人世,朝中竟无名将可与吴三桂抗衡。因此,清兵每遇吴三桂就四处逃散,狼狈不堪。那清朝是如何平定这场叛乱的呢?一方面,吴三桂年事已高;另一方面,吴三桂因久经战事变得异常谨慎。自从攻下湖南洞庭湖畔的岳州,他便未从岳州挺进湖北一步。当时,四川至陕西一带皆已响应吴三桂起兵反清。如果吴三桂能够乘势取湖北、

吴三桂

第1讲 兵力上的变迁

入中原,与清朝背水一战,天下大势如何犹未可知。只可惜他太过小心,不敢迈出岳州半步。而康熙帝自幼机敏聪颖、精力过人,虽然当时只有十九岁,却能坐镇朝中指挥战事。他过目八方战报,再向身边大臣下达指令,平均每天批阅三四百件奏疏。因此,清兵虽然不堪一击、屡次败逃,却因康熙帝指挥有方、布署得当,最终不至大败,得以在吴三桂去世之后,轻松平定大乱。所谓布署得当,主要指康熙帝对驿递制度的有效利用,也可谓当时文明的一大进步。在康熙帝的布署下,原本日行五六百里的

青年时期的康熙帝

公文可以日行七八百里①。北京到荆州三千三百八十里，公文五日可到；北京到浙江三千三百里，四日可到；北京到甘肃西部五千里以外的地方九日可到。也就是说，清朝取胜的一大要素是布署得当，而非军队实力强大。以汉人之军治汉人之乱是康熙帝的一贯方针。征讨吴三桂时，清朝所用大将主要都是汉人，当时立下战功的也多为汉人。所以，平定吴三桂叛乱的其实是汉人之师，而非满人。虽然由此断言满人已经陷入腐败言之过早，但满人确非凭借自己的实力平定大乱。

康熙帝以后的雍正帝也喜欢任用汉将。岳钟琪就是雍正时期大名鼎鼎的汉人名将。曾有书生劝岳钟琪谋反，只是岳钟琪虽骁勇善战，却没有造反的胆子，就把劝他谋反的人交给清政府惩办了。

乾隆时代

再下边就是乾隆帝了。清朝取代明朝已经九十多年，任用将领的方针也有所改变。乾隆帝十分喜欢任用满人。乾隆时期出征立功的也多为满人。譬如，征战台湾、西藏等地，立下赫赫战功的福康安、海兰察等都是满人。但这些战功并非凭借强盛的兵力，更多是得益于当时富裕的财政。也就是说，累累战功全靠乾隆帝对军中将士的丰厚赏赐和大力嘉奖，是用钱砸出来的。将士的封赏到乾隆帝时才变得丰厚起来。而清初时，将士们即使立下功勋、战死沙场，也只能有一个孩子享受特殊待遇——入国子监读书，封赏十分微薄。明臣洪承畴投降清朝以后，为清朝定鼎中原立下大功。他虽经略五省，却也只被授予微不足道的三等轻车都尉②。按清朝的爵位等级来算，三等轻车都尉不过是二十几等的爵

---

① 里，长度单位，一市里等于一百五十丈，合两百米。——译者注
② 三等轻车都尉，清朝异姓功臣爵位，居于公侯伯子男爵之下，分为三等，一等轻车都尉属于正三品，二三等轻车都尉属于从三品。——译者注

第1讲　兵力上的变迁

位。洪承畴如此劳苦功高，也只能得到这等封赏。此外，在平定吴三桂叛乱中立下战功的汉人名将赵良栋、王进宝等人也仅被授予子爵。乾隆时期，将士的封赏变得格外优厚。譬如，福康安就因立有战功而越过公侯伯子男，直接被封为郡王。与清初相比，可谓差异巨大。当然，太平盛世如若恩赏不厚，便无人愿意奔赴沙场。

此外，乾隆帝经常破格提拔人才。稍有战功之人一年半载连升几级是常有的事。乾隆帝以后，清政府百般阻止汉人立功，把机会留给满人。乾隆帝虽然汉学造诣精深，却力图保存满洲国粹文化，极力抑制满洲八

福康安

旗汉化之势。元朝时期，金世宗完颜雍积极主张保存国粹。不仅太宗文皇帝皇太极极力效仿金世宗完颜雍，就连乾隆帝也对这种行为深以为然，大行国粹主义。譬如，乾隆帝不仅在语言上以汉语译词来扩充匮乏的满文词汇，编纂满文字典，还在政治上让满人担任要职。

乾隆帝在位长达六十年。他二十五岁即位，八十五岁退位。将皇位传给嘉庆帝以后，他又活了四年左右。晚年时期，乾隆帝的施政方针愈发宽大，甚至有些放任自流。退位以后，乾隆帝称太上皇，和日本的太上皇一样开始训政。近来西太后慈禧训政就学于乾隆帝。总之，乾隆帝在世期间，始终把控朝政大权，为政宽纵，放任自流。从而导致和珅这种贪官权臣当道，政治日趋腐败。终于，乾隆末年到嘉庆初年，一场长达七年（到完全平定共耗时九年）的大规模起义爆发了。

白莲教之乱

白莲教起义是邪教组织发动的一场起义，波及湖南、湖北、四川、陕西等地。这场起义搅得天下大乱，前后持续七年之久。其间，清政府支出军费高达一亿两白银。当时满洲八旗不堪一击，将领亦屡战屡败。清政府规定，将领打了败仗要受到严惩。但实际上，打了败仗的将领不仅不会受到严惩，还会得到宽大处理。可见这时的清朝早已法制松懈，纲纪废弛。乾隆治下，清朝达到全盛。乾隆帝十分引以为傲，曾亲撰《十全记》来夸耀自己的功绩——平定蒙古新疆一带的蛮族准噶尔两次、征讨新疆回教徒一次、攻打四川以西的金沙江一带两次、平定台湾一次、出兵安南一次、征讨西藏西南的廓尔喀两次[①]。然而，所谓的这十次胜利只是中国式的胜利。其中，征讨廓尔喀不过是廓尔喀入侵西藏时，清朝举大兵轰赶寥寥无几的敌兵罢了。到了艰险难行之地，无法攻取之时，

---

① 还有一次是征伐缅甸。——译者注

老年时期的乾隆帝

清朝便遣使劝敌投降。所谓胜利大都是这种名不副实的中国式胜仗。尽管如此，乾隆帝仍然意得志满地自诩为"十全老人"。乾隆帝统治时期，清朝国力鼎盛。清政府不得不通过厚赏轻罚，才能使满人为自己所用。满洲军队的缺点暴露无遗。

白莲教之乱使满军缺点暴露无遗的同时，还给后来的清朝埋下了重大隐患。白莲教之乱与清朝兵力由盛转衰关系重大，所以即使只是一次起义，也不容轻视。

八旗及绿营的腐败

我们继续说回清朝的兵制。除前面说过的至关重要的满洲八旗以外，清朝后来又增设了蒙古八旗和汉军八旗。禁旅八旗是清朝驻扎在北京城内的旗兵，由二十四旗组成，共有十万人左右，与日本的近卫兵或者德川幕府的旗本比较相似。驻防八旗是朝廷遣往各地驻防的旗兵。驻防八旗并非各省都有，只是驻守在重要地区，每处约有三千人。除此之外，各省还驻守着由汉人编成的绿旗兵——通常称为绿营。绿营是各省的常备军，受驻防八旗监督，负责维持各地治安。白莲教叛乱爆发时，各省的绿营不堪重用，驻防八旗不堪重用，从北京派来的禁旅八旗也不堪重用。可见清朝常备军早已腐败不堪，动乱长年未能平息也在所难免。其实，清朝军队的弊病由来已久。自乾隆时期晋封王爵的福康安起，清朝军队的风气就开始败坏了。当时的将领只要出征打仗，回来时几乎人人都富得流油。所以乾隆时期，仅仅平定一场动乱也得耗费巨额军费。譬如征讨金沙江时，清政府就花了七千万两甚至八千万两白银的军费。所以白莲教叛乱的爆发对于众将领来说，反倒成了捞钱的机会。也正是因为他们大肆侵吞军费，动乱才长年不得平息。清朝财政虽然充裕，却也在七八年后不堪重负。

第1讲　兵力上的变迁

乡　勇

乾隆帝下来是嘉庆帝。嘉庆帝时，清政府大力整肃纲纪，终于平定了白莲教之乱。为平定教乱，嘉庆帝重用乡勇。白莲教匪来犯时，官兵大量弃城而逃，留下百姓任人蹂躏。于是，湖北随州的民众决心团结起来，自己守城。他们烧光城外土地上的庄稼，挖下深壕，采用坚壁清野之法，使连战连胜的白莲教匪无法攻下随州。得知此事后，清政府意识

嘉庆帝

到把当地人民武装成乡勇是很有效的剿匪方式，便渐渐开始倚重乡勇。官军的将领也动起了歪脑筋。以前，绿营有人战死，就得向清政府上报战死人数。禁旅八旗有人战死，也得向清政府上报战死之人姓甚名谁，容不得半点弄虚作假。然而，自从启用民间乡勇，官军将领可以随意捏造临时招募的乡勇人数。即使有人战死，也无须上报。这样一来，胜败变得大有文章可做。既有这等好处，官军便开始大量招募乡勇。由于乡勇的口粮取于当地，所以官军只管配发武器。

除防守外，后来乡勇还参与野战。野战阵形非常有趣。最前排是乡勇，后边跟着绿营军，再后边跟着来自京城的禁旅八旗。如果打头阵的乡勇惨败想逃，后面的绿营军就可将逃兵斩杀；绿营兵再撑不住败逃时，也会被最后边的禁旅八旗斩杀。久而久之，白莲教匪也想出了对策。白莲教匪意识到，亲自上阵与乡勇作战并无太大意义，便从各地抓来大量俘虏，配给俘虏武器，让他们替自己作战。所以，与清政府乡勇对战的并非白莲教匪，而是一群无辜的俘虏。如此一来，两边打头阵的、遭遇最惨的都是当地民众。由于乡勇战死无需正式上报，用来又很方便，清政府便越来越倚重他们。可到后来，诸多弊害也因此产生了。乾隆帝驾崩、嘉庆帝亲政以后，清政府认为立有战功的乡勇也应受到奖赏，便命令正规军一律奏报立功的乡勇将士，以论功行赏。可是，虽然叛乱最终得到平息，却仍有大部分乡勇没有得到应有的奖赏。总之，清朝平息叛乱全靠乡勇，而非官军。

乡勇的出现为清朝兵制后来的变革打下了根基。当时，已有地方官洞烛机先，认识到征集乡勇虽然便利，于朝廷大计而言却极其危险。人们不免会产生一种观念，认为只要手持武器，人民亦可作战，官军并不足为惧。嘉庆时期，叛乱平息以后，清政府以银两收缴人民手中的兵器，顺利遣散乡勇，倒也相安无事。与此同时，人们也意识到，清朝以往的兵制早已腐不堪用，急需一场大的改革。

第1讲　兵力上的变迁

长毛之乱

不久之后，清朝又爆发了长毛之乱。这场动乱发生在距今六十多年前，持续时间长达十五年，规模比嘉庆年间的动乱更大，烽火燃及中国十八个省。长毛之乱爆发以后，嘉庆年间显露出的征兆成了不争的事实。简而言之，平定这场动乱仍然全靠乡勇。当时，曾国藩、胡林翼、李鸿章、左宗棠等人都因组建乡勇立下了大功。长毛贼起于广西，经湖南、湖北，一路直取南京。虽然当时已有江忠源等人所练的乡勇参战，但动乱初期的围剿主力仍为官军。直到后来，曾国藩才建立了一支能与长毛贼抗衡的军队。

曾国藩的湘军

曾国藩是湖南人，当时已官至礼部侍郎，恰巧因丧母在家丁忧。皇帝对他信任有加，命他在当地招募乡勇，组织乡勇。朝廷让曾国藩练兵只是为了维护湖南地区的治安，而曾国藩练兵也以保卫乡里为主要目的。长毛贼攻下南京、溯长江而上攻打湖南时，曾国藩所练乡勇首次与长毛贼发生了交锋。两军一交战才发现，乡勇竟如此勇猛。乡勇之所以勇猛，是因为曾国藩从一开始就看透了官军的腐败无能，练兵时完全没有采用官军的那套训练方法，而是依据明朝抗倭名将戚继光所著兵书《纪效新书》（日本也曾经翻刻此书，荻生徂徕等人对它十分叹服）来组建军队。曾国藩的友人、朱子学者罗泽南也参与了乡勇的训练，并在其中发挥了巨大作用。罗泽南在当地拥有众多门下弟子，便任用自己的弟子作为军中将领。而曾国藩也把练兵之事全权交付给罗泽南，任由他用自己的弟子做军中将领。罗泽南认为，若借官军将

长毛之乱——克复安庆

长毛之乱——克复雨花台

领前来练兵，民兵必定会沾染他们的不良风气，便没借用常备军的任何将领。因此，这其实就是一支完全没打过仗的门外汉靠研究书本知识组建起来的军队。不过这支军队在战场上的表现确实值得称赞。这并非因为他们武器精良，而是由于军中将领大多是同学、同乡，相互熟识。虽然乡勇也是花钱招来的士兵，但其将士之间却十分团结。在战场上，即使官军争先溃逃，乡勇也鲜有逃兵出现。认识到义勇兵的威力以后，曾国藩又开始编练陆军和水师，准备水陆并进征讨长毛贼。以上便是在平定长毛之乱中立下大功的湘军。

　　这时已有证据表明，乡勇只听令于自己的将领，根本不受清政府指挥。曾国藩率领湘军一路从湖南打到湖北，又打到江西，正是八方受敌、处境艰难之时，恰逢父亲去世，就回乡服丧了。湘军失去自己的中心领袖以后，曾国藩部下的将领便各率其部，各自为阵。按理说，乡勇既然

湘军水师与太平军交战

为朝廷效力，就应该听令于朝廷。但实际上，无论是江西巡抚还是新派的将领，但凡朝廷发出的命令，曾国藩的军队一概不予执行。可见，这时的湘军已经不受朝廷指挥了。总之，多亏了这支湘军，曾国藩才得以最终成功平定动乱。曾国藩、胡林翼等人都是募勇练兵的知名人物。由于将领凭师友关系调兵遣将，而不单纯以上级身份下达指令，所以这些乡勇虽然不如闻令而动的军队行事机敏，却也因为感念将领的恩情奋勇作战，最终得以平定大乱。

平息长毛之乱以后，这次的乡勇便无法再轻易解散了。由于动乱波及范围广泛，乡勇先后在湖南省招募湘军，在安徽省招募淮勇，在湖北省招募楚勇……因此战事一完，便很难立即收缴兵器，将他们就地遣散。而中国原有的由朝廷发放军饷的官军名义上也还存在。所以只好把乡勇也当作官军，发放军饷。自此，清朝不得不开始维持双重兵制。

洋式武器和戈登将军

早在平乱期间，李鸿章就邀请有名的戈登将军对乡勇进行洋式操练。其中尤以常胜军卓有成效。后来，其他乡勇也纷纷开始装备洋式武器。曾国藩去世以后，李鸿章执掌朝政大权。李鸿章坚信，只要装备洋式武器，就能练出精锐之师。然而，中日甲午战争推翻了李鸿章的观点。按照李鸿章的设想，武器装备精良又采用西法操练之兵，无论与谁作战，必能大获全胜。就连西洋人也认为，这些装备了新式武器的中国新兵，战斗力一定十分强悍。可经过和日本军队的一番较量却发现，李鸿章麾下装备新式武器之师居然不堪一击，败状惨烈。中国的军事思想为之一变，开始从根本上进行体制改革，开展新式教育。这就是当下力主变革的新军之起源。

在甲午战争黄海战役中一艘中国军舰被日舰击沉。当时,一艘法国军舰在附近。法国军舰放下小艇,营救落水的中国官兵

甲午战争中的夜袭九连城

袁世凯的新军

中日甲午战争结束以后，清政府意识到，以往那种中国式练兵是行不通的。如果只是装备西式武器，交给洋人防卫海岸，中国便无法拥有真正的军事实力。中国当下必须聘请日本或西洋士官，由他们对军队进行整套西式训练，编练新军。着手编练新军的第一人是大名鼎鼎的袁世凯。袁世凯虽仅以一万之兵在小站展开训练，却取得显著成效。早在八国联军侵华战争以前，全国战斗力最强悍的就数袁世凯的军队。只是八国联军侵华战争时，袁世凯在山东按兵不动，没有与外国军队交过手，所以也不知道它到底有多强。不过，时人普遍认为，袁世凯的军队是可以与外国军队抗衡的。八国联军侵华战争结束以后，袁世凯出任直隶总督，开始以数倍于此前的人数练兵，最终练成了今天的新军。

留学生士官

新军的制度与以往略有不同。虽然新军仍然采用传统的募兵制，但招募前和招募后对士兵的要求都大不相同。以前的士兵都是最下层的无赖之徒。"好铁不打钉，好男不当兵"的说法就缘于此。袁世凯训练新军与旧式军队截然不同，他尽可能招募能文识字的兵，入伍以后也会教他们读书认字。与此同时，中国当局考虑到雇佣外国士官毕竟不是长久之计，便开始兴办军事学堂，派遣留学生到国外士官学校深造，以为日后练兵储备人才。如此，中国便有了大量的留日士官生。最近在石家庄被杀害的吴禄贞就是第一期留日士官生的毕业生。

中国向日本等国派出了大量留学生。然而，这些派往日本或其他国家的留学生接受国外的新式教育以后，却学到很多不利于清朝统治的知识。照清政府的说法，赴日留学生都成了革命党。不过，这些人并不是

袁世凯编练的新军

因为赴日留学才成了革命党，而是出国留学的学生当中赴日人数最多，从日本回来的革命党自然在数量上就多一些。随着大量接触国外新书，留学生们越发觉得，清朝根本不值得他们效力。革命的土壤逐渐形成。之前说过，长毛之乱时，乡勇不再听从朝廷派去将领的指挥，而是感念于恩义，只听命于自己的长官。这时，接受国外新思想的士官回国练兵，传播革命思想，渐渐培养出了大量革命党。无事之时，士官们即使有革命思想，也没有机会表露。一旦士官们想要造反，就会像如今一样，突然爆发一场大事变。回顾整个过程，清政府以满洲军队为中心，一用汉人，二用义勇，三将义勇兵编入官军，四练新军，最终亲手培育了这些革命力量。其实如果清政府及早防范，也不是没有办法。但如今的局势终归是大势所趋，不可扭转。今天，武昌起义爆发，引起极大骚动。全世界都为之震惊。但究其根本原因，却也没什么新奇之处。可以说，清朝两百多年的政治举措自然而然地催生了这些革命思想，进而引发了今天的革命。这实在怪不得别人。

第2讲 财政经济上的变迁

众所周知,清朝是从满洲偏隅之地入主中国这个泱泱大国的。那么清朝入主中国前后,明朝的财政情况如何呢?我们有必要先做些了解。

明末的财政

财政问题是明朝灭亡的一大原因。明朝的征税方式十分烦琐。清朝的岁入岁出都以白银结算;而明朝的岁入岁出除了以白银结算,还可以用粮米、马料草等实物结算。一般来说,白银在中国不具有通货性质,但明朝真正的通货却是白银和部分纸币。明朝末年,纸币大幅贬值,除用于朝廷征收赋税和发放薪俸之外,逐渐不再流通。明初,一贯[①]纸币等于一两银;到明末时,一贯纸币竟贬至三厘[②]银。两下面的单位是钱、分、厘,所以三厘银只相当于三百三十三分之一两。也就是说,到明末时纸币只是名义上的通用货币,实际并不流通。不过直到万历以前,政府收支都有用纸币结算的部分。明朝实际流通的货币是铜钱和白银。由

[①] 贯,明朝纸币单位,一贯等于一千文铜钱或一两白银,四贯合一两黄金。——译者注
[②] 厘,重量单位,两的千分之一。——译者注

于铜钱运输不便,一般向远处运输军费时都会使用白银,因此白银占据着岁入岁出的主要部分。但因为明朝收支还有白银以外的结算方式,所以今天看来,明朝岁入岁出中的白银定额才会显得特别少。

　　万历中期,据户部官员上奏,政府的岁入和岁出均为白银四百万两左右。到万历末期,政府支出急剧攀升,财政变得难以为继。其中的一大主要原因是日本征伐朝鲜时,明朝出兵造成了庞大的军费开支。万历年间,明朝四处征战,所耗费用中的最大一项就是出兵朝鲜的军费。这场战争历时七年,军费支出五百八十三万两白银,其余附属费用支出

明朝万历帝

第2讲　财政经济上的变迁

明代《平番得胜图》

三百万两白银，总共支出八百八十余万两白银。这场战争对明朝财政影响极大，成为万历以后明朝国力衰弱的一大原因。

随后，满洲势力崛起。征伐满洲成为明朝的一大难题。仅征伐辽东，明朝就耗去了巨额军费。以往，朝廷的岁入和岁出均仅四百万两左右白银。可1619年时，朝廷岁出竟高达一千二百多万两白银。当然，政府的增收是通过提高赋税才实现的。到明朝灭亡时，朝廷岁出增至一千六百七十万两。白银支出增至定额的四倍以上，朝廷只好课以重税。最终，内乱四起，明朝在亡于满洲之前，先亡在了起义军的手里。

清朝初期

如上所述，财政问题是明朝灭亡的一大原因。随后，清朝入关，取代了明朝。清朝入主中原的一大有利条件是，不再需要开销明朝财政中讨伐自己的那部分军费。如此一来，明朝在万历到崇祯年间征收的重税便可一并免除。不过清朝在最开始时并未占领中国的全部省份，其岁入水平自然也不及明末，所以清初财政每年都入不敷出。但满洲偏安小国的野蛮之人入主中原做了泱泱大国的皇帝，就好比乡下穷苦农民突然来到京城有了百万身家一样，即使花销再大，也大不过明朝。明朝末年，皇室开销巨大。当然，历朝历代亡国前无不如此。清朝一方面来自乡野，另一方面以明为戒，所以皇室开销很小，财政也十分富裕。清朝入关以后的第二位皇帝康熙帝，曾将明朝庞大的开支与清朝开国以来尤其是自己这一代节俭的花销进行过对比。

宫廷的节俭

明朝时期，宫廷开销巨大，宫内每年用银九十六万两。到清朝康熙帝时，宫内用银不及明朝十分之一，节省下来的都充作了军饷。明清两代不仅设有掌管宫中用度的光禄寺，还设有掌管营造工程事项的工部。光禄寺每年送到宫内的用度明朝时期为二十四万两白银，到康熙帝时则锐减至三万两白银。此外，清朝在柴炭、营造修缮等方面也很节俭。工部开销先是减到二三十万两白银，后来又减至十五万两白银。宫中仆人数量也少了很多。康熙帝在位时，据一个明朝时就侍奉宫中的老太监说，明朝宫中脂粉费用每年高达四十万两白银，顺治帝入主北京以后将其悉数废除；明朝有宫女九千人，更有宦官十万余人，由于要给这么多人供应伙食，一不留神便容易漏发，所以宫中常有人因此饿死。虽然

第2讲 财政经济上的变迁

老太监的描述可能有些夸张,但明朝宫廷情形确实如此。而据康熙帝所说,清朝宫中男女仆人总共不过四五百人。因此到康熙帝时,光禄寺费用才能从明朝的六七十万两白银减至四五万两白银,工部费用也从每年一百万两白银减至十五万两白银。总之,如同乡下人有了百万身家一样,清朝皇宫上下厉行节俭,砍去了很多之前的花销。所以到康熙末年时,清朝国库便有了大量存银。至于库存数额,却有许多不同的记载。当然,中国的统计偏差较大是常有的事。据魏源说,虽然康熙帝十分节俭,但

中年时期的康熙帝

1722年时清朝国库存银不过八百万两。还有人说，1709年时清朝国库存银已有五千多万两。虽然八百万两和五千万两相差甚远，但二者可能都不为错。或许前者只算入中央财政，后者还加入了地方财政，计算方法不同才导致如此差别。总之，清朝国库有了存银是不争的事实。

如上所述，清朝厉行节俭，力图减轻人民的负担。当然，这可能也是因为清朝以外族入主中原，需要在笼络人心上下功夫。

人丁税的废除

清朝减轻人民负担的手段之一就是废除人丁税。人丁税始于明代，与人头税不尽相同。男子从十六岁到六十岁都会被课以人丁税，且不同地方的税额差别很大。人丁税低的地方，每人只需缴纳一分几厘白银；人丁税高的地方，每人则要缴纳四两白银，甚至更多。这种不均衡是明末动乱导致的。总之，每人平均需缴纳人丁税二钱[①]，相当于今天日本的二十五钱左右。1740年以后，人丁税废止，改为摊入地税一并征收。由于是摊丁入地，所以也称不上完全废除了人丁税。那为什么说它减轻了人民的负担呢？朝廷原本规定，征收人丁税时每五年统计一次人丁，对在此期间新增人丁征收人丁税。但1740年以后，五年一度的人丁统计废止，人丁税开始摊入地税征收。由于每年的地税是一定的，不会增加，所以人民的负担自然有所减轻。

雍正帝的财政政策

清朝在减轻人民负担的同时，还设法增加国库收入。雍正帝执政虽

[①] 钱，重量单位，一钱等于十分之一两。——译者注

第2讲 财政经济上的变迁

然仅有十三年,却在财政方面功绩卓著。雍正帝精通禅学,为人严肃,喜欢搞密探政治。他当政时还有过这么一桩逸事。有一天,京城的一位大臣在家里和朋友玩骨牌时丢了张牌。三四天后,他上朝面圣时,雍正帝恰好问起他那天那个时辰在干什么。这位大臣如实相告,说自己当时正在玩骨牌,不胜惭愧。雍正帝听后龙颜大悦,直夸他诚实可嘉,还拿出那晚他弄丢的骨牌还给了他。显然,雍正帝在这位大臣身边安插了密探。雍正帝喜欢大搞密探政治,但同时他大力整饬财政,在位仅十三年,便使清朝财政变得十分富裕。雍正帝虽然与众兄弟之间的关系十分恶劣,甚至曾将自己的兄长处以刑罚,但仍是一位非常伟大的政治家。

雍正帝坐像

耗羡归公

雍正整顿财政、增加收入的一大举措就是实行耗羡归公。如果税款中途减损，必会危及政府收入，所以，地方官在征税时会加收一份保险金，以防不测。这份保险金就是所谓的耗羡。在不同的地方，这项附加税差异巨大。加征少的地方，像浙江杭州一带，每两白银只加征四分；加征多的地方，每两白银则加征二钱。耗羡自古就有，算作地方税收机构的杂项收入。但实际上，耗羡收入均被地方官吏私吞。后来，雍正帝严令禁止官吏私吞耗羡收入，要求一律上缴中央。朝廷税收因此平均增加一成甚至一成二三分。作为补偿，雍正帝另给地方官吏发放一项补贴，即养廉银。然而，这并未根除官吏的贪污腐败。少了耗羡这项额外收入，官吏们自有别的办法横征敛夺，所以百姓税收负担依旧沉重。总之，这些措施使清朝的财政收入大幅增加。

捐例和盐课

自古以来，每逢重大变故，中国朝廷就会卖官鬻爵，谓为捐官。譬如，出几百两就给你一个知县来当。时局动乱之际，捐官之风更是大行其道。雍正帝时，朝廷认为捐官不过是捐个候补，实际能否上任都还两说，索性每年都开捐例。当时仅靠捐官一项，朝廷每年就可增收三百万两白银。

此外，随着世道变得太平、人口不断增长，人们的食盐消费量也大幅增加。较之清初，乾隆时期每年盐课增收多达三百万两白银。

关 税

中国在自己的领土内设有关卡。日本德川时代的关卡主要是为了检查过往行人,而中国的关卡主要是为了对过往货物征收税费。虽然以前的关税收入只够关卡的经费开支,但天下太平、没有战乱之时,舟车络绎,货物流通,雍正乾隆时期的关税收入变得十分可观。这也是雍正末年朝廷收入大幅增加的一个原因。

雍正帝时,国库岁入约四千六百万两白银,每年都有结余。雍正末年,国库结存六千多万两白银。但蒙古、新疆等地用兵花去一半左右。乾隆初期,国库只剩白银二千四百万两左右。

乾隆时期的全盛

乾隆时期虽然是清朝的一大治世,持续六十年之久,期间却进行了多次大规模征战。我们已经讲过,这些征战花费巨大——既因将领们私吞军费,也因战争结束以后朝廷赏赐极其丰厚。总之,乾隆时期的开销与清初形成了鲜明对比。乾隆帝为将新疆纳入中国版图,用兵花费三千万两白银。可在此之后,国库仍然存余七千万两白银。1776年,长江上游险恶地段金沙江流域发生叛乱。朝廷为平乱花费七千万两白银。可同年的上谕中写道,支出这笔军费以后,国库存银仍有六千万两白银。到1781年时,清朝国库存银更有七千八百万两。而且乾隆年间,朝廷曾先后四次免除全国地税。虽然听来不可思议,但当时的朝廷账本《赋役全书》上所列的地税税额——每年本该上缴朝廷的三千五百万两白银——被悉数免除了四次。此外,清朝每年都会从南方七省往京城运送粮米,这项税收也曾两次被乾隆帝免除。实际上,虽然上缴中央政府的地税免了,但百姓并未享受到名副其实的恩惠,所以乾隆帝的这些做法也颇受争议。以前,地方官吏征税往往任意加派,中饱私囊。地税全免以后,正税没了,附加税自然不复存在,官吏收入必会大减。然而,实际情况并非如此。政府收入减少确实不假,但地方官吏依旧巧立名目横征暴敛。皇帝虽因减免赋税赢得美名，人民却没得到真正的实惠。总之，政府免除税赋确有其事，国库收入自然也有所减少。

由于生逢盛世，国库充盈，乾隆帝十分喜欢四处巡幸。譬如，他曾以带皇太后领略江南美景聊尽孝道为由，不远万里从京城到南京、苏杭一带游玩。乾隆帝一生南巡六次，开支巨大，所到之处还一再减免租税。六次南巡花费加上此前普免全国地税、豁免南方七省漕粮，朝廷收入总共减少两亿余两白银。即便如此，1786年清朝国库存银仍有七千万两。总之，乾隆帝时期的国库十分充盈。

此外，乾隆帝自恃天下太平、国家强盛，便增发武将士卒的薪俸，增补兵力。每年的军费支出因此增加三百万两白银。当时也有人提出异议。譬如，时任地方官的名臣阿桂就上奏劝阻道："增支三百万两白银救济穷困武将，若作一时之计并无大碍，但如果成为常例，每年就得额外支出三百万两白银，对以后的财政会很不利。而且国家收入基本确定，也没什么特别的增收，骤然增加三百万两白银岁出怕是不妥。"可乾隆帝坚持增加武将士卒的薪俸，称"岁入每年增加五百万两白银，而薪俸增支不过三百万两，并无大碍。"

总之，清朝开国以来的这一百五十年间，朝廷财政收入不断增加，清朝进入全盛时期。只是骑在人民头上的官吏千百年来都一个模样。百姓既不会因为朝廷的善政过得更好，也不会因为朝廷的恶政过不下去。只要不是连年战乱，人口数量就会不断增加。而且在中国这片广袤的土地上，只要荒地被逐渐开垦，国库收入就会不断增加。而国库收入增加以后，朝廷就会变得奢侈起来，开始大兴土木。文学也日渐繁荣，呈现一片粉饰太平的气象。因此，中国历朝往往都是在中间的第四五代时达到鼎盛——这并非因为某个帝王特别伟大，只是规律使然。

乾隆帝南巡，护卫皇驾的队伍绵延不绝，耗费甚巨

乾隆帝驾临苏州

第 2 讲　财政经济上的变迁

衰　运

　　清朝历经一百五十年左右进入全盛期，之后便渐渐走向衰落。历史学家就其衰落原因做过许多研究。研究发现，清朝由盛转衰的原因错综复杂，其中之一是岁出的增加。也就是说，乾隆末年到道光末年六十年岁出的增加，使清朝走向了衰落。

皇族的增加

　　清朝岁出增加的原因之一是皇族的增多。中国皇族人数众多，太祖高皇帝努尔哈赤叔伯一脉也是皇族，称为宗室。皇族族谱每十年编续一次，保存在奉天和北京宫殿，满满地堆在一个大库房里。而太祖高皇帝努尔哈赤祖父的兄弟一脉是准皇族，称为觉罗。宗室俗称黄带子，有系黄色腰带的特权；而觉罗俗称红带子，有系红色腰带的特权。清朝皇族数量庞大，刚入主北京时不过两千余人，到道光末年却多达三万人。这是中国的制度使然，不仅清朝如此，明朝也一样——明朝末年的皇族数量多达十万人。总之，清朝皇族人口不断增加，如今若再统计一番，想必数目更惊人。随着皇族人口增长，宗室俸禄自然不断增加，皇室开支也越来越大。不过，中国宗室的待遇远不及日本皇族优厚。常有北京宗室愿以每月五元、七元的报酬来日本教授中文。总之，皇族人数增加使皇室开支大幅增涨，成为清朝岁出增加的原因之一。

地税的积欠

　　清朝岁入减少的原因之一是地税的积欠。地税积欠事关重大，这也是清朝所谓的仁政所致。中国每隔十年左右都会清查拖欠地税，无望追加的便一概豁免。开此惯例以后,地方每遭遇灾难,便以灾情严重、无力缴纳为由,陈请朝廷准予延缓,拖上十年等着被一并豁免。有这等有利可图的仁政,地税积欠自然愈发严重。康熙至雍正年间,地税每年积欠六十万两白银;乾隆至道光年间,地税每年积欠高达二百万两白银。如此一来,账面上虽有大量的应收税款,实际收入却在不断减少。而这都是清朝引以为豪的仁政带来的结果。譬如,天灾地变时不缴地税,开

道光帝

垦新地时也不缴地税等等。直到今天，清朝仍然根据乾隆帝时期修订的《赋役全书》征收租税。因此，即使某条河流发了洪水，使沿岸两个县城的面积一个变大，一个变小，两县地税也仍仿照旧例征收。而这必将造成面积减少的县城积欠的地税增多，面积增大的县城却无需缴纳新税。

还有一个看似会造成财政收入减少，实则不然的情况。随着八旗人口不断增加，相关开支看似也会攀升，但实际并非如此。与日本德川时代的旗本制度一样，八旗的总体俸禄是确定不变的。所以即使八旗人口增加，朝廷支出也不会增加。

我们从1845年到1849年的岁入岁出，就能看出清朝收入的减少情况。清朝岁入定额四千五百零十七万两白银，1845年时，清朝岁入四千零六十一万两白银；到1849年时，清朝岁入减至三千七百零一万两白银。收入大幅减少，支出自然也随之减少。由于经费支绌，兵饷发放便不按定例，只有七成八成不等。总之在中国，政府很少全额支付应付款项，以至如有全额支付的情况还会在文书中特别注明。当然，这也是财政收入减少不得已的举措。以上就是清政府收支的相关统计以及清朝走向衰落的财政原因。

物价的上涨

此外，清政府财政遭受极大打击与物价连年上涨脱不了关系。距今三四十年前，大名鼎鼎的冯桂芬对清朝的物价上涨做过调查。长毛之乱时，冯桂芬曾派上海士绅手持自己亲笔书函，乘坐轮船前往曾国藩的大本营安庆乞求援师。曾国藩展信之后，对冯桂芬赞不绝口，称"东南大局，不出君一书也"。冯桂芬是中国改革派的先驱人物。如今来到日本的康有为最早提出的变法主张大多取自冯桂芬之说。冯桂芬精通西方数学，绝顶聪明，曾为一甲及第的进士，后来加入李鸿章幕下充当其谋士。冯桂芬就物价的上涨做过很多调查,在此我举例说明。康熙帝喜好西方学问,曾经命人编纂以介绍西方数学为主的《数理精蕴》。在《数理精蕴》中,数学题目里的物价与编写此书时的实际物价大体相同。冯桂芬指出,注意到这点后再读此书就很有趣。譬如,春秋两季祭祀孔子时,会以羊作为祭品。据《数理精蕴》的题目可以推测,康熙帝时,每只羊的价格为一钱八分,相当于日本的二十四五钱。而冯桂芬所处时代,一只羊的价格已经涨至康熙时期的六倍。此外,冯桂芬还在韩桂舲家里

冯桂芬

第 2 讲　财政经济上的变迁

看过一本旧账本。那是一本顺治年间的账本，当时清朝才刚入主北京。据账本所载，当时木瓦工匠的工钱一天约二十八文①，儿童工钱折半。但道光初年时，木匠的工钱为八十四文，是顺治时期的三倍。再到后来的咸丰同治时期，也就是冯桂芬所处的时代时，工钱竟涨至八倍于清初的二百二十文。总之，物价上涨也是造成清政府财政窘迫的原因之一。

银价的变化

银价的变化也对清朝整体经济产生了极大影响。清朝初期，一两白银可以兑换七八百文铜钱。可据冯桂芬说，这些铜钱只够如今银价的十分之四。也就是说，顺治到咸丰年间，银价翻了一倍，给了清朝财政沉重一击。此外，清初兵饷是每日五分，相当于日本的六到七钱。长毛之乱爆发以后，乡勇应时而生，并被设为官军，那时的兵饷已经提到每日二钱，相当于日本的二十六七钱。如此一来，每逢浩大工程，清朝都需支出巨额费用。清初黄河泛滥，每次治理需花费一百万两白银。到了道光咸丰年间，每次治理黄河竟需花费上千万两白银。总之，政府花销日益增加，收入却未有太大增长。

物价飞涨使清政府财政日益窘迫已经显而易见。那银价上涨为何又会造成清朝的财政困难呢？这与清朝的制度大有关系。中国百姓缴纳地税并非全以白银缴纳，还会用铜钱缴纳零头。官府将铜钱兑换成白银以后，再一并解送北京。假设官府按照银贱钱贵时一两白银折算两千文铜钱的官定比价征收税款（当然，若以铜钱缴税会有所加征），随着银价越来越贵，铜钱越来越贱，以前两千文铜钱可以兑换一两白银，如今可能需要三千文铜钱才行。这样一来，政府收入自然大幅减少，给清政府财政造成极大损失。

---

① 文，铜钱单位，一文钱指一枚标准的方孔铜钱。——译者注

银价上涨的原因多种多样，但主要原因是印度向中国大量输入鸦片，导致白银外流。众多忧国忧民的有识之士大力提倡禁烟，最终引发鸦片战争，耗去巨额军费，也是其中的一大原因。鸦片战争以前，清政府在对外贸易中每年都有本币外流，和日本长崎贸易的情形是一样的。这种不平衡的贸易使中国国内发生严重银荒，银价不断上涨。所以，早在太平无事的道光年间，清朝财政就已日趋枯竭。

军费的增加

接下来我们就要说到近来的局势了。前面也说过，当前清朝的最大问题就是军费开支浩繁。由于八旗、各省绿营等传统官军不堪重用，清朝只好招募乡勇。如此一来，朝廷除了要为八旗、绿营发放兵饷，还得给乡勇发放兵饷。平定长毛之乱时，清政府因为无力筹措军费，开始征收厘金税。

厘 金 税

厘金税是清朝在内地各省设立局卡[①]，对往来货物征收的一种过境税。自开征以来，厘金税收入不断增加，近年来收入高达一千万两甚至两千万两白银。起初，朝廷深知厘金税是一大恶税，再三声明一旦战事结束就立即停止征收。可仗打完了，乡勇却无法遣散，所以废止厘金税一事便不好再提。1894年以后，清朝开始寻求变革，在以往的旧式兵和义勇兵以外，又编练新军。这支新军名义上有二十个师团，自然还需要一笔新的开支。虽说绿营和义勇兵力在此期间都有所减少，但军费在

---

① 局卡指旧时专管商税的机构。——译者注

英国东印度公司在印度储存鸦片的仓库

英国鸦片走私船

英国东印度公司在印度储存鸦片的仓库

英国鸦片走私船

旧有的基础上还得一加再加。就好比日本的本膳料理①，上完本膳，还有二膳、三膳等着要上一样。

新旧制度的重复

除了军事经费，清朝的行政经费也逐年攀升。譬如，清朝国子监的经费由朝廷下拨；后来京师大学堂开办时，便只能另拓财源，维持开支。诸如此类，在原有基础上兴办各种新式机构，必然会扩大开支，增加岁出。道光末年，岁入岁出定额均为四千五百万两白银，但实际收入和支出都只有三千七百万两白银。中日甲午战争时，岁入和岁出翻了一番，约为八千九百万两白银。当然，对外贸易当中增收一千万两关税、盐税增加等都是朝廷增收的原因。总之，道光末年到现在十八九年间，朝廷的岁入和岁出均翻了一番。近来，清朝全年收支均高达三亿万两白银，可见财政膨胀多么严重。日本财政虽然也在不断膨胀，但明治维新以后，财政政策早已焕然一新。近来财政依旧吃紧，政府上下不得不厉行节俭。即便如此，仍然有人主张整顿税制。反观中国，财政收支从四千几百万两白银增至八千几百万两白银，如今更是高达三亿万两白银。清朝财政膨胀如此严重，却仍旧采用以往那套财政政策，不见任何革新整顿。

还有一点值得注意的是，纵观中国历史，每个王朝即将走上末路时都会发生一个现象，建国初期较之地方财政比例很小的中央财政，会在末路前夕极度膨胀，其中尤以皇室开支最严重。这几乎成了千古不变的铁律。明朝末年就是如此。明初岁入定额四百万两白银，明末增至一千

---

① 本膳料理是日本传统料理，多用于婚丧嫁娶等正式场合。膳是一种四脚托盘，用来给客人上菜。本膳料理一般由本膳（第一道菜）、二膳（第二道菜）、三膳（第三道菜）组成，更郑重的场合还会提供与膳（第四道菜，由于"四"与"死"同音，故避开四膳，称"与膳"）、五膳（第五道菜）。——译者注

六百七十万两白银，其中大部分都被用于皇室开支。譬如，1599年明朝太子大婚时，朝廷下诏称需要两千四百万两白银。可当时即使把户部翻个底朝天，也拿不出那么多钱。于是，皇帝便令人严查各省积银。中国自明朝以来，各省都有几十万两的积银。尽管制度上规定这些归地方存留，可朝廷还是将其据为己有，用来为太子操办婚礼。后来，中央财政日益膨胀，皇室直到明末都还十分富有。所以，明朝征伐满洲兵败需要增派援兵，但户部又拿不出钱时，还曾请求动用几十万两的皇室财产充当军饷。总之，中国王朝走上末路时，皇室财力一般都很雄厚。如今的清朝也不例外。

皇室的资产

如今清朝皇室究竟有多少资产不太好说。但我某天在报纸上看到，据袁世凯调查，清朝皇室的金银不下几千万两。我觉得这是很有可能的。皇室手头之所以如此富裕，是因为除常规收入以外，还有很多其他入项，譬如皇室从官吏手中收取的贿赂。通常，贿赂都是官吏向百姓索取的。可在中国，皇室也会带头受贿，地方大员几乎人人都向皇室行贿。尤其在西太后慈禧时期，各地官员为了讨太后欢心，更是年年献礼，而献礼主要是送钱。此外，知县等进京接受召见，竟也要由吏部登记入册，成为升迁考核的标准之一。而要想进京觐见，就得花钱铺路。如此一来，皇室就会直接从官吏手中收受巨额贿赂，自然会积攒许多与政府收入无关的私产。所以，西太后慈禧手中有个几千万两也不足为奇。

此外，中央政府的费用近年来也大幅增加。1893年财政岁入八千九百万两白银当中，五千三百万两都划归中央，只留给地方三千六百万两。近年，岁入扩大到三亿两的情况下，地方财政所得仍与那时相差无几。总之，中央政府的经费不断扩大，占据了财政收入的绝

第2讲 财政经济上的变迁

老年时期的西太后慈禧

大部分。尤其是 1900 年以来，中国的中央集权更有日益加强的趋势，中央财政也因此不断膨胀。

财政和国运

紧随中央财政收入飙升、皇室收入膨胀而来的，一般就是王朝的灭亡。清朝的形势会如何变化，无论从财政还是兵力方面都很难说，但如果不及时对税收、货币制度加以整顿，从根本上改革财政政策的话，纵使政府以武力成功镇压革命党，不远的将来，朝廷也依旧会因财政问题而陷入一筹莫展、束手无策的境地。日本也有过一样的情形。胜海舟伯爵①认为，德川幕府的倒台并非因为败于萨长联盟，而是由于德川幕府末年时期的财政难以为继。胜海舟在幕府即将走上末路之时，十分关注政府的财政情况，这点想必给他留下了非常深刻的教训。从这点来看，如今的中国与当时的日本幕府命运颇为相似，财政终有一天会不堪重负。

  以如今形势来看，一周左右清朝估计还是挺得住的。所以，下次我会视到时的情形，来讲讲清朝的未来走向。

---

① 胜海舟（1823—1899），日本政治家，江户时期幕府重臣中的开明派，明治维新以后，历任海军大臣、枢密顾问官等，因维新功勋受封为伯爵。——译者注

第 3 讲（上） 思想上的变迁

前两次演讲我们分别从兵力和财力方面，讲述了清朝是如何一步一步走向衰落的。今天，我想先讲讲中国思想从过去到现在的变迁，最后再稍微讲讲将来之事。近些年来，对清朝来说，中国的思想倾向是很不利的。

我将分成两个方面来讲，一是种族观念的兴起，二是尊孔思想的演变。因为本次演讲今天就要结束了，所以可能会讲得比较粗略，难免有词不达意的地方，但要点应该是不会遗漏的。

种族观念的兴起

清朝时期，中国在世界上的地位发生了极大的变化，而这对种族观念的兴起起了巨大作用。众所周知，中国是一个自大的国家，一直以中华或中国自居，视其余国家为蛮夷戎狄。在中国人眼中，只有中国人才是真正的人，外国人几与禽兽无异。而且中国从来不把自己看成是一个国家。中国人所谓的国家，只指春秋战国时代的列国，或者汉代以后与郡国并立的各诸侯国。因此，中国向来自夸境内为天下，认为普天之下莫非王土。中国位于世界中央，其他国家则环绕四周，称为四裔。这种

"只有天下没有国家"的观念自古有之,一直未能消除,最终有所转变还是近七八十年来的事情。

英国使臣马戛尔尼伯爵

乾隆末年,也就是距今约一百一十年前,英国曾派马戛尔尼伯爵出使中国,要求与中国通商。在来华的外国人中,马戛尔尼伯爵是最有见识、最不肯轻易向中国人低头的一个。在觐见乾隆帝时,他曾因

马戛尔尼伯爵

礼仪问题而与朝廷发生过争执。在中国人看来，不管来自哪里的外国人都是来向中国朝贡的夷狄。因此，英国使臣也理应遵守中国的君臣之礼，觐见皇帝时行三跪九叩大礼，也就是对着皇帝三次跪拜九次叩首，以示最大敬意。然而，这个要求却被马戛尔尼伯爵断然拒绝。他表示，自己是英国使者，并非中国臣民，无需遵守中国的君臣之礼。他还提出，如果中国能派与自己同等级别的官员，在英王乔治三世的画像前行三跪九叩大礼，那么自己也愿向中国皇帝行此大礼。最终，马戛尔尼伯爵前往热河，在一个大帐篷里，与蒙古王公等一起觐见了乾隆皇帝。至于礼仪之争最终是如何解决的却不甚清楚，有人说马戛尔尼伯爵行了三跪九叩之礼，也有人说没有。总之，来华的外国使者中，如此捍卫自己国家尊严的，马戛尔尼伯爵还是头一个。即便如此，乾隆皇帝回复英国的国书也仍以"谕英吉利国王"开头，之后通篇以"尔"称呼。趾高气扬的英国使者马戛尔尼伯爵得到的回复，也和夷狄君长得到的回复没两样。这是距今一百一十年以前的情形。后来，嘉庆皇帝时也有使者来华，使者待遇仍未见变好。也就是说，中国最后肯承认外国与自己地位平等，其实是对外战争失败的结果。

对外战争的失败

在1840年到1842年的鸦片战争中失败后，中国才承认外国与自己地位平等，而这不过是距今七八十年前的事。清朝打了败仗，与英国签订条约，被迫开放五处通商口岸。这时，虽然中国方面的记载仍以"抚绥外夷"行文，但条约文本中却不得不承认中国与外国平起平坐，第一次将中外的同等地位写在了纸上。后来，英法联军北上，京城惨遭洗劫，中国真正意识到了夷狄的强大和可怕。之后，清朝才开始设立处理外交事务的专门机构。而在此之前，清朝的外交事务都交由理藩院和四译馆

英王乔治三世

马戛尔尼伯爵与蒙古王公准备觐见乾隆帝

签订《南京条约》

处理。理藩院和四译馆主要负责处理蒙古等藩属以及缅甸、暹罗等朝贡国的事务。除此之外，如果洋船抵达广东，那么当地官员会酌情处理相关事务。英法联军入侵北京以后，清政府设立总理各国事务衙门，可谓是中国认同中外同等地位的开端。总理各国事务衙门简称总理衙门，后来演变成外交部。然而，即使在总理衙门设立后，清朝也只是视西洋人为拥有大量军舰、在沿海虎视眈眈的大麻烦。不过，它总归见识到了西洋人的可怕。但同时，清政府仍认为日本不足为惧。虽然日本派兵攻打台湾，在琉球实行废藩，甚至还觊觎朝鲜，但中国并不了解日本的真正实力，只把日本看成是个事事模仿西洋的东夷小丑，不知天高地厚的狂妄之徒。直到1894年、1895年惨败于日本之后，清政府才认识到，无论国家大小，外国的实力都不容小觑，中国只是世界上的一个国家，而且是其中最弱小的一个。从此，中国才真正意识到了外国的可怕，

总理衙门官员

渐渐产生了变法图强的主张，形成了同文同种的观念，也就是种族观念。中国终于认识到，夷狄并非自己的附庸，而是不同种族建立的独立国家，实力比自己更强大。

因此，中国与外国接触越早的地方，种族观念产生得也越早。也就是说，道光年间鸦片战争时期，最先与外国人接触的广东人是最早产生种族观念的。当然，在历史上，这种情况也不是第一次发生。从前败给外邦时，中国也兴起过种族观念。譬如，在南宋被蒙古灭亡时，人民就有了很强的种族观念，直到最后还顽强抗争。纵观历史，虽然中国发生过无数次革命，但之前的政权被推翻时，人民大都投降，很少坚持抵抗。然而，宋朝灭亡时，人民却进行了前所未有的殊死抵抗。这表明，不愿被蒙古灭国的种族观念兴起了。后来，南明被清朝灭亡时，人民同样拼死抵抗。如此看来，外国入侵、中国战败时，种族观念很快就会兴起。然而，等到强盛后，中国却好了伤疤忘了疼，立即以天下自居。清朝也不例外。入主中原后，它很快便轻视四夷，而如今遭遇失败后，种族观念才再度兴起。由于满人是以夷狄的身份入主中原，中国又是在其统治下被迫打开国门，所以，现在中国的种族观念其实有着双重含义。

双重种族观念

所谓双重种族观念，一方面是整个中国对外国产生的种族观念，另一方面是回顾明亡于清的这段历史时汉人对满人产生的种族观念。中日甲午战争以后，许多新书面世，不少旧作被重新刊刻，其中就充斥着反清排满的思想。在清朝两百多年间，反满运动虽然不绝如缕，但经康熙、雍正、乾隆的残酷镇压，曾一度式微，归于沉寂。日清战争以后，随着清朝国力不断衰弱，积压已久的反满情绪才再度爆发。乾隆时期，含有诋毁满洲言辞的书籍或者明朝遗民、忠义之士表达对清朝不满、痛斥满洲的书籍不仅一律遭到销毁、禁止出版，而且私藏这些书籍的人还会被处以刑罚，但现在这些书籍却重见天日，公然买卖印行。这就表明，清朝不仅使人民对外国产生了对立的种族观念，还使人民对自己也产生了对立的种族观念。

革命军这次高举兴汉灭满的大旗，就是近年来种族观念兴起的集中体现。义和团运动时期排斥外国人的思想，今天已经不多见了。如今的革命党人大多有过留学经历，深受进步思想熏陶，所以不再仇视外国，而将精力主要集中在内部的种族观念上。而且外国国力强盛，即使中国人坚持排外灭洋，也会以失败告终。当今清朝已是强弩之末，国力羸弱，

八国联军逼迫中国人屠杀同胞

所以，随着种族观念兴起，现在这般土崩瓦解的形势便出现了。以上就是清朝在思想上受到的打击。

尊孔思想的演变

接下来要讲的内容可能与清朝的衰亡没有直接联系。近年来，中国思想界隐约发生了一些非同小可的改变。是否所有中国人都经历了这种改变不得而知，但接受新式教育的阶层普遍经历了这种改变是可以确定的。

它就是尊孔思想的演变。尊孔思想说来话长。我们抛开历史，只说说最近的情形。道光年间，鸦片战争爆发前夕，一种奇怪的思想在中国学者之间非常流行。该思想就是尊孔思想。尊孔思想来自公羊学派的主张，兴起于距今八九十年前。《春秋》有三传，分别是《左氏传》《公

宁波市镇海区的孔庙

羊传》《穀梁传》。所谓公羊学派就是专门研究《公羊传》的学派。公羊学派认为，六经皆由孔子所作，并非孔子修改之前的经书而成。《春秋》是孔子为改革旧制、创立理想的新制度向弟子口授而作，处处包含微言大义。《公羊传》便是对这种微言大义的阐释记述，最得孔子真传。公羊学派奉《公羊传》为圭臬，批判其他一切经书。这种论调后经扩大，进一步认为，凡与《公羊传》同一时代的、西汉时期的今文经学才是孔学正宗，东汉以后的古文经学是不可取的旁门左道。古文经学、今文经学稍微有些复杂。简单地说，今文就是汉代通行的文字，也就是隶书，

孔子

而古文则是指当时已经不再通行的籀文以前的文字。秦始皇焚书以后，汉初学术复兴。伏生口授的《尚书》就是以当时通行的文字所写，其他同时期的经书同样以隶书写成。孔子时代通行的文字自然属于古文，但到了西汉已经不再通行，因此，便将用汉代通行文字写的经书称为"今文经书"。西汉时期，今文经学被立为官学，今文经书大行其道。但到了后来，人们从孔子老宅墙壁及其他地方发现了用古文书写的经书。西汉末年，有人开始研究古文经书。因此，到了东汉时期，学者除研究以往的今文经书之外，也经常会参考古文经书。随着《周礼》这种只有古文版、没有今文版的经书流行，古文经学也日渐兴盛。在《春秋》三传中，《左传》是古文经，《公羊传》是今文经，所以研究《公羊传》的公羊学派被称为"今文家"，研究《左传》一派被称为"古文家"。这里的今文与古文之分，是为了区别西汉和东汉的经学研究，与《尚书》的今文、伪古文并无关系，这点需要记住。今文家主张今文经学是孔学嫡传，注重微言大义，排斥流于章句训诂的东汉古文经学。而古文家则主张六经自古就有，欲将孔子拉下神坛。古文家认为，古文《逸礼》等都是周公以来就有的经籍，并非孔子删定后才有。公羊学派则力排此论，极力尊崇孔子，并援引当时十分流行的《纬书》①，称孔子出生时天降祥瑞，与帝王出世一般无二。这种思想近年来再度兴起，盛行于世。如今住在须磨②的维新派主要人物康有为就属于公羊学派。康有为甚至主张，应该参照基督教，尊奉孔子为教主。总之，极端的尊孔思想对近来的思潮产生了很大影响。

不过，有趣的是，康有为主张尊崇孔子的同时，也主张要尊崇诸子。他认为，继孔子之后，诸子创立了各种新学说，理应享有与孔子一样崇

---

① 《纬书》是汉代的方士和儒生依托今文经义宣扬符箓、瑞应、占验之书。因与《经书》相对，故称《纬书》。兴于西汉末年，盛行于东汉。——译者注
② 须磨位于日本兵库县神户市。——译者注

高的地位。也就是说，康有为提倡尊孔子为教主的同时，也主张继承孔学的并非只有儒家，诸子百家之学也都源自孔子，不应独尊儒家。这种说法虽然颇有穿凿附会之嫌，但近年来却十分流行。诸子学说的研究也因此发展了起来。

老墨的研究

在诸子学说的研究中，老子、墨子的研究最盛行。因为墨子思想与西方理念存在诸多相似之处，所以墨学研究盛极一时，墨子几乎受到与

老子

第3讲（上） 思想上的变迁

孔子同等的尊崇。革命党中的大学问家章炳麟则极端地认为老子高于孔子。他主张，孔子的学问不乏可取之处，孔子本人亦有经世之才，但在道术上却远不及孟子、荀子。可见，尊孔思想渐趋衰颓。当然，章炳麟不属于公羊学派，而是属于近年来出现的一个批判公羊学的学派。这个学派主要研究《周礼》《左传》等古文经学，章炳麟就极力鼓吹《左传》。虽然章炳麟的性格很古怪，但在东京的留学生中，他却很有声望。由他主笔的《民报》颇受中国学生欢迎。这些都对近来的思潮产生了极大影响，一味尊崇孔子的思想日渐衰微。

如上所述，中国近来的思潮从极度尊孔渐渐走向不甚尊孔。更不可思议的是，极力主张尊孔的公羊学派，在信仰上也与孔子渐行渐远。

孟子

佛学研究

　　佛学研究在公羊学者之间十分盛行。这种风气发轫于公羊学派著名学者龚定庵。龚定庵潜心诵念大藏经①，尤其推崇天台宗，兼通禅宗、华严宗。他对佛教十分虔诚，将之喻为无上法宝，奉佛典为圣人之言。

　　龚定庵有个朋友魏源，字默深，是《圣武记》的作者，著名的历史学家。魏源与龚定庵交往甚密，也是影响力很大的公羊学者，晚年皈依佛门。杨文会②在南京金陵刻经处刊刻的《净土四经》，也就是净土宗三经以及华严宗《普贤行愿品》的合集，就是由魏源辑录的。魏源自称"菩萨戒弟子魏承贯"，为之作序——该序未被录入《魏源集》。魏源很推崇老子，著有《老子本义》。总之，他与龚定庵一样皈依佛门，尤其倾心净土宗。说到这里，我想起一件与杨文会有关的往事。杨文会，字仁山，住在南京，一生从事刻经事业，与我国的南条文雄③博士有交往。1899年，我去南京拜访过杨仁山，问他心灵的归宿。他回答道："信仰归于净土，义理学于法华。"魏源所辑《净土四经》颇受杨仁山称赞。通过这本书或许可以一窥杨仁山佛教信仰的由来。《净土四经》的助印捐资者名单中有精通西方数学的学者李善兰等，以及浙江德清人戴望，这很有意思。著名学者戴望英年早逝，曾经抄写过龚定庵的文集。他的公羊学思想深

---

① 大藏经是以经律论三藏为主体、荟萃众多高僧著述的佛教典籍总集，又称"一切经"或"藏经"。——译者注
② 杨文会（1837—1911），中国近代著名佛学家，在佛教研究、佛教传播、佛典出版等方面做出过巨大贡献。1897年，他在南京设立金陵刻经处，从日本搜集底本，刊刻因战乱散佚的佛教典籍。著有《大宗地玄文本论略注》《佛教初学课本》《十宗略说》等。——译者注
③ 南条文雄（184—1927），日本佛教学者，真宗大谷派僧人，历任东京大学讲师、大谷大学校长。他曾协助杨文会搜求在日本的中国已佚失的佛经。主要著作有《大明三藏圣教目录》《梵本般若心经》等。——译者注

第3讲（上） 思想上的变迁

受同乡好友俞曲园[①]的影响。俞曲园不仅是近代以来的经学大家，而且对道教抱有浓厚兴趣，著有《太上感应篇缵义》。他的研究甚至旁及佛教，为《金刚经》等做了注释。如此看来，戴望和俞曲园无论在公羊学还是佛学方面，都堪称上承龚魏之学，下启后世公羊学者。不难发现，公羊学者兼治佛学并非个别的偶然现象，而是很有渊源，代代相传[②]。

　　进入康有为时代，研究佛学的风气更加流行了。譬如，康有为就自称研究华严宗多年。实际上，公羊学派之外的学者大都热衷于佛教研究。我认识的学者——前些年去世的文廷式、仍然健在的沈曾植、夏曾佑等都对唯识宗有深入的研究。唯识宗以外，禅宗也很盛行。章炳麟就兼研

章炳麟

[①] 即俞樾（1821—1907），字荫甫，自号曲园居士，清末著名学者。治学以经学为主，旁及诸子学、史学、训诂学，乃至戏曲、诗词、小说、书法等。主要著作有《春在堂全书》《古书疑义举例》《诸子平议》等。——译者注
[②] 内藤湖南在演讲结束后所补内容。——译者注

唯识宗和禅宗。章炳麟认为，中国是弱国，中国人更应潜心研习禅宗，发愤图强。很多日本人也在研究禅宗，深信禅宗可以培养人的胆识和魄力。总之，近来佛学研究的兴起深深影响了中国学者。虽然人们仍视孔子为一代圣人，但尊奉孔教的思想却已经式微。

血气方刚的中国留学生大量接触外国新思想后，渐渐开始置中国历史和传统思想于不顾，极力主张共和政治。儒家历来注重"五伦"，"五伦"又以父子、君臣二伦地位最重要。在共和政体之下，君臣关系不复存在，伦理势必遭到很大破坏。所以，这种敢于无视社会秩序、超越政治层面、触及伦理的改革，绝非朝夕之功，而是近代思想变迁的结果。当然，在动乱之际，异端邪说、畸形思想横行的例子在中国历史上屡见不鲜，譬如长毛之乱就是以基督教的变种为号召而爆发的，但这种事物注定不会长久。

还有一个例证就是各种新奇的妇女运动。在中国的传统礼教中，妇女运动虽然是不被允许的，但历史上却时有发生。譬如，明末时期，有个叫秦良玉[①]的女将曾经征战沙场，而长毛之乱时，长毛贼中也有女兵。其实，在中国，不符合礼教的事情是常有的。譬如，中国男人很怕老婆，"惧内"这种专门的词汇就用来形容这种现象，可见中国女性是十分强势的。传统礼教不允许女子抛头露面，而女子抛头露面往往发生在社会秩序紊乱、思想发生剧变之时。近七八十年来，诸多矛盾不断积累，致使接受新教育的人们思想无不产生剧变。他们这才充当起革命的主力军，主张建立共和政治，试图破坏传统五伦，摧毁原有社会秩序。

总之，外部刺激下产生的种族观念，加上内部的思想变迁，使人们对朝廷的恭敬基本消失殆尽，危机一触即发。因此，像现在这样革命一爆发就造成不可挽回的局势也属意料之中。不过，这种情况是否会一直

---

① 秦良玉（1574—1648），字贞素，明末女将，战功显赫，是中国历史上唯一一位列入正式传记的女将。——译者注

秦良玉

持续下去，在孔子倡导下形成的社会秩序是否会永久被打破却还是未知的。我认为，经过一段时期后，未来一定会出现对当今革命思想的反思。而且我的这种判断也是有据可循的。由于时间关系，这里就略去不说了。虽然未来如何不得而知，但革命在当今中国愈演愈烈。幼年皇帝真的是生不逢时。清政府在人民心中的权威尽失。在长毛之乱时，地方官员大都誓死抵抗，如今却纷纷弃城而逃。清政府甚至不能像长毛之乱时那样严惩弃城而逃的官员。随着革命爆发，清政府陷入岌岌可危的境地也是在所难免的。

第3讲（下） 结论

以上是清朝的过去和现在，接下来再稍微讲讲将来。

人们常拿清朝的时局问题来问我，譬如中国的形势未来会怎么样等。这种问题非常复杂，三言两语是绝对说不清楚的。接下来，我要参照过去，对中国未来的形势做几点判断。

以前的演讲只是罗列事实，容不得我高谈阔论，接下来的演讲则会夹杂一些我的个人见解，还请各位知悉。

如果一上来就问我中国以后会怎么样，我也不知道怎么回答，不如就对当下人们的各种观察以及相关人士开展的工作做一番评论，以阐明我对未来形势的判断。

革命发生以来，清朝的命运始终处于风雨飘摇之中。清政府不断颁发诏书，近来拟定了《宪法重大信条十九条》，宣誓于太庙。就在宣誓的第二天，革命军占领的汉阳被清军攻陷，也不知合不合时宜。《宪法重大信条十九条》要把中国从一个极端专制的国家改造成一个极端民主的国家，君主不再拥有军事、外交等任何权力，可谓极端之至。接着，摄政王载沣辞职。这样一来，人们对清朝命运的走向大抵有数了。时局变动引发了日本乃至全世界的热烈讨论，最近备受瞩目的是调停议和的主张。

调停议和的主张

虽然在谁和谁之间调停尚说不清楚,但当前的确有一种调停议和的主张。有报纸发表评论,认为现在正是议和的最好时机,却又说不清楚是谁和谁来议和。总之,一些人认为,议和是当下最好的办法。我对这种观点实难苟同,连谁与谁议和、在谁与谁之间调停都搞不清楚,还谈什么议和?我刚刚说过,清政府宣誓遵守《宪法重大信条十九条》,承诺放弃凌驾于人民之上的任何权力。宣统皇帝的父亲也辞去了摄政王

宣统帝

的职位，只留一个五六岁的小孩独坐皇位。试问，是由这个小孩去和革命党议和吗？这种议和成立吗？如果这个小孩真的具有议和能力或者太后在旁辅佐，那么宪法规定的没有任何权力的皇帝难道就有议和之权吗？如果答案是有，那就无妨，但如果答案是无，请问该由谁和谁来议和呢？

袁世凯

这样一来，革命党的议和对象非北京城里得势掌权的袁世凯莫属了。也就是说，该由袁世凯来和革命党首脑议和。日本、英国、美国等可能会出面斡旋调停，敦促袁世凯与革命党首脑和谈。清政府名存实亡、

清朝末年的袁世凯（中）

形同虚设。各国只能力促勉强据守北方的袁世凯与南方革命党人和谈了。在我看来，这也是徒劳无益的。假使清政府还在，皇帝也居于一国权力中心、与各国君主的地位平等，列强居中调停尚且可能问题重重，更何况如今的情况是，袁世凯虽然大权在握，但却不是清政府的最高统治者，因此，就算他与革命党人的和谈促成，又有何效力可言呢？如果日本、英国、美国等真的去做这种调停，那就太荒唐了。这些国家应该不会做出这种糊涂事，但报纸上是有这种推断的。

南北分立的主张

此外，有人主张将中国一分为二，维持现在的局面，南北分治。这也是无稽之谈。有的报纸说，日本内阁也主张南北分治，奉命前往北京的人①就肩负着这项使命。虽然不知消息真假，但如果这么判断时局就大错特错了。我想，日本内阁应该不会这么荒唐。

比起上面的调停说，南北分立的主张似乎更有几分道理，但南北分立在中国果真能够成立吗？中国南有长江，北有黄河，长江流域是南方，黄河流域是北方。或许有人会说，两河之间划一条线，不就可以南北分立吗？单从地图上看，确实也说得过去，但如果把国家分合看作在地图上划线那么简单的事，就只能说明不懂中国历史，尤其对中国近代以来的历史太缺乏了解了。我在其他地方也讲到过这一点，今天再来简单说说。

中国北方指直隶、山东、山西、陕西、甘肃、新疆、满洲三省和蒙古地区，南方指江苏、安徽、江西、湖北、湖南、四川、浙江、福建、

---

① 此人可能是指 1908 年到 1913 年担任日本驻华公使的伊集院彦吉（1864—1924）。辛亥革命时他力主君主立宪，通过暗中出售军火给清政府和南方革命党等方式，企图造成南北对立，以便日本从中渔利。——译者注

第3讲（下） 结论

广东、广西、贵州、云南等省。把中国划分为南北两块，使其各自独立看似简单，实则很难。横跨亚欧大陆的蒙古帝国之所以在元朝末年走向灭亡，其中一大原因就是南方各省的叛乱。在浙江沿海一带，海盗方国珍最早举起叛旗。之后，叛乱愈演愈烈，各地纷纷揭竿而起，江苏有张士诚，湖北、江西、安徽有陈友谅，四川有明玉珍。其间，朱元璋在安徽东部起兵，以南京为根据地，先灭头号劲敌陈友谅，再攻张士诚，接着挥师福建广东，占领南方，最终北上消灭了元朝。当时，元朝的兵力并不弱，山西有王保保镇守，山东河南一带有太子爱猷识理达腊镇守，

朱元璋

陕西也有军队镇守。总之，北方地区还在元朝军队的控制之下。然而，当明军挥师北上时，山东旋即失守，河南很快陷落，随后大都也被攻占。山西、陕西的元军纷纷溃散，元朝被赶出了中原。究其原因，就是南方长期叛乱导致元朝财政极度匮乏。那么，南方叛乱为何会使财力虚竭至如此地步呢？早在唐朝时期，北京附近地区就仰赖从南方运来的粮食。北京成为首都后，当地根本无力负担政府的开支，只能每年从南方调运钱粮。元朝时期，江苏的粮食每年经海道运至京师多达三百三四十万石，换算成日本单位，差不多折半。此外，湖北、湖南的粮食每年通过运河向北方运送。总之，北京的粮食、经济都仰赖南方的支持。这种情况始于元朝，明清两代依然如故。虽然明朝曾经一度停止海运，但以江南之粮供京师之用的局面自元朝以来就未曾改变过。然而，元朝末年，江南叛乱四起，不再向朝廷缴税纳粮。朝廷虽以官职收买叛军，企图恢复南粮北运，但叛军大多接受官职却不纳粮，只有张士诚往北京送过一次十万石的粮食。这种情形持续了二十年，自然使元朝的处境窘迫不堪。恰在此时，朱元璋平定了南方，然后挥师北上，元朝最终便走向了覆亡。这是元朝的历史。很多读中国历史的人会认为，中国常因北方入侵而灭亡，可见北方更强大。不过，如果深入中国内部仔细分析就会发现，南方收入事关重大。因此，在我看来，假使南北分立，北方能否与南方抗衡尚且是个疑问。

但这种问题仁者见仁，智者见智。我国某个政党中有个兼治文学的政治家曾在杂志上撰文说，南方未必就无法与北方抗衡。我们研究问题的出发点是，北方是否能与南方抗衡，而他的疑问则是南方能否与北方抗衡。当然，这或许是政治家的研究方法与我们治学之人的研究方法不同所致，总之，这是两种截然不同的思路。

第 3 讲（下） 结论

形势的不利

现在，虽然汉阳被官军收复，但武昌仍然被革命军控制，南京也落入了革命军之手。江西的革命军正奔赴湖北，湖北与江南即将取得联系。在不久的将来，进行革命的南方各省就会连成一片。清政府的形势较之元朝末年更加不利。元朝末年，山东尚有王信率义兵据守，而如今山东态度却很暧昧，先是宣布独立，接着又取消独立，反复不定。山西也已经宣告独立，不再服从朝廷。山西商人以太原府为中心，掌控着北方的所有钱庄，如今，革命军却也在此起事。陕西早已不服从朝廷。蒙古也已独立。朝廷尚可勉强号令的只有直隶和袁世凯的老家河南。直隶有一个决策中心，也就是咨议局，设于离北京不远的天津。清政府曾想向外

武昌起义中的革命军

国借款征讨革命党人，咨议局对此极力反对。所以，虽然清政府名义上能够号令直隶，但于事无补。

清政府认为，渡过难关最好的办法是向外国举债。不过，虽然清政府想方设法争取贷款，但没有丝毫进展。像清朝现在这种情形，估计不会有任何国家疯狂到愿意贷款给它。贷不到款，江南的接济又断了，清政府仅凭直隶、河南两省的财力，必不可能打败南方各省的革命军。就算拿出内帑，数目也是有限的。如果各国不横加干涉，坐视革命军与清政府一决高下，那么清政府必败无疑。

或者说，如果外国不加干涉，就算清政府可以号令北方各省，也很难与南方抗衡。究其原因，主要还在经济方面。1893年，乔治·贾米森[①]曾做过一项调查。调查数据显示，南方各省的税收总额为九千九百万两白银，比北方各省多出两千万两，这是财政方面。从贸易方面来看，南北差距也非常大，南方贸易额遥遥领先北方。北方贸易中心天津的贸易额是六七千万两白银，南方贸易中心上海的贸易额则高达两亿六七千万两白银。也就是说，南方的经济实力是北方的四到五倍。如果中国南北交战、并且不受外国干涉，财力薄弱的北方是不可能与南方抗衡的。目前，清政府秘密向外国购买武器，这才成功收复汉阳。然而，如果没有外国的任何干涉，北方终究不能与南方抗衡。

无论是同室操戈进行内战，还是南北分别建国，这种局面大概都不会持续五年、十年之久。否则，北方的国家就吃了大亏，而南方的国家则捡了大便宜。这是因为，长此以往南方越来越富庶，北方却越来越凋弊，最终避不开沦为当今波斯的命运。就算袁世凯的目光再短浅，他也不可能接手这种国家。所以，主张南北分立的人是完全不了解中国的。

[①] 乔治·贾米森（1843—1920），英国人，先后出任驻台湾代领事、驻沪代理法律事务秘书、代理翻译、驻九江领事等职。——译者注

整体来讲,中国应该统一。或者清政府复兴,或者袁世凯以骗窃之术统一中国,或者革命军成立共和政府统一中国,总之,中国终将合而为一。即便外国从中干涉,试图让中国分成南北两个国家,北方也不会有人接手。哪怕拱手相送,日本最好也别接手。如果真的有人想接手,那可真是自讨苦吃,不切实际。我并不是革命党的间谍。我在这里赞美几句革命党,也不会马上就通过无线电传到中国,帮革命党重新攻占汉阳,使北京的朝廷闻风而逃。这些都只是单纯的学术性探讨。

清朝的以后又将如何呢?

将 来

基于这些事实,清朝的结局已经显而易见。但在中国,事态的发展一般都不会很快,所以,事情也不会像我所说的那样迅速有个了结。在此,如果进一步进行预测不仅很难,而且无益。总之,革命党能否成功不谈也罢,革命主义、革命思想的成功却是必定无疑的。

当下很多日本人忧心忡忡,担心邻国如果成立共和国,革命思想是否会影响到我国国民。未雨绸缪固然很好,杞人忧天则徒劳无益。即便中国实行君主立宪制,国体也与日本大不相同。日本的维新措施拿到中国也不可能行得通。而且政体选择属于一国内政,如果处于神圣同盟①时代另当别论,当今这个时代,干涉他国内政已经不流行了。所以,我认为,日本静观其变就好,大可不必杞人忧天。天下大势所趋,终将无可抵挡,几场战争的胜败必不可能影响大局,这是中国特有的现象。在中国历史上,战无不胜却最终走向覆亡的例子屡见不鲜。项羽百战未尝一败,却在声势如日中天时覆灭。元朝末年也是如此。南下平乱的大将

---

① 神圣同盟是法兰西第一帝国瓦解后欧洲各国君主组成的保守的政治同盟。——译者注

并非总吃败仗，但元朝最终难逃亡国之命。总之，中国今天的时局既是大势所趋，也是自然规律使然。即使官军大胜，革命军大败，大局也不会改变，革命主义、革命思想必胜无疑。几百年来的趋势使然，如今的中国已经到了不得不变的时候。因此，各国大可停止调停干涉，静待大势的到来。以上就是我学究式的一点结论。演讲到此结束。